Stichwort

Autismus

Hartmut R. P. Janetzke

Originalausgabe

WILHELM HEYNE VERLAG
MÜNCHEN

HEYNE SACHBUCH
Nr. 19/4019

REDAKTION:
Dagmar Lutz

FACHLEKTORAT:
Heiko Ernst

GRAFIKEN:
Michael Lörcher

KONZEPTION UND REALISATION:
Christine Proske
(Ariadne Buchproduktion)

2., überarbeitete Auflage

Printed in Germany 1994
Umschlaggestaltung: Kaselow-Design
Herstellung: H+G Lidl, München
Satz: Satz & Repro Grieb, München
Druck und Verarbeitung: Pressedruck, Augsburg

ISBN 3-453-06043-1

Inhalt

Wechselwirkung zwischen Wahrnehmungsverarbeitungs- und Beziehungsstörung

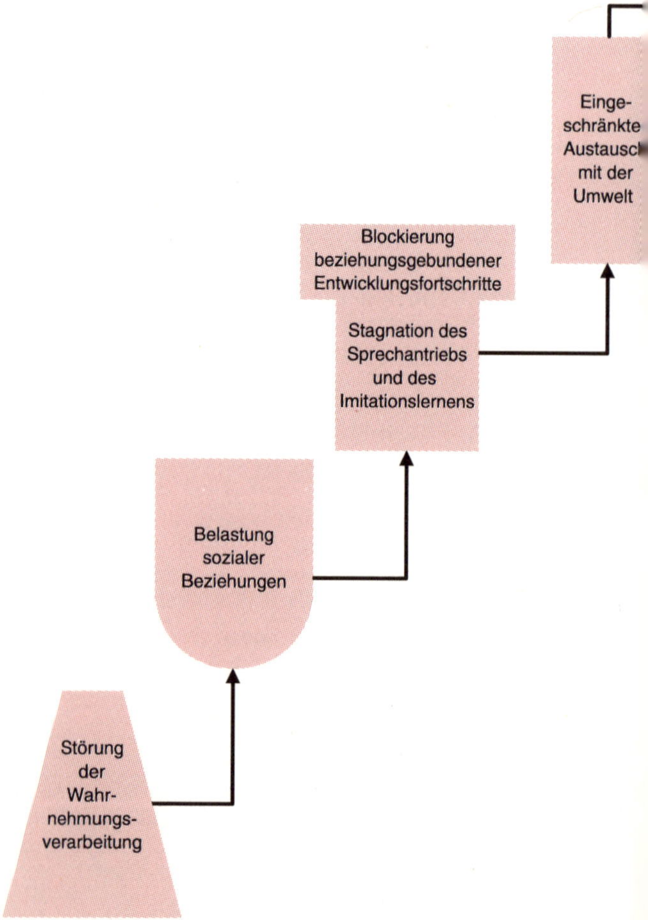

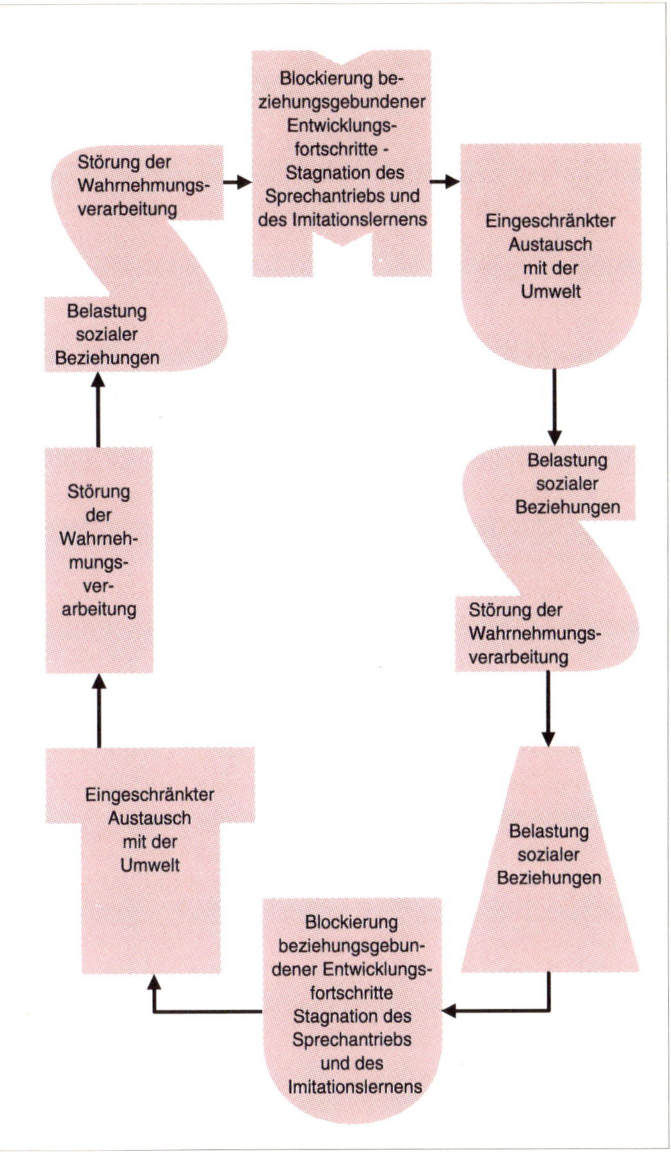
Blockierung beziehungsgebundener Entwicklungsfortschritte - Stagnation des Sprechantriebs und des Imitationslernens
Eingeschränkter Austausch mit der Umwelt
Belastung sozialer Beziehungen
Störung der Wahrnehmungsverarbeitung
Belastung sozialer Beziehungen
Blockierung beziehungsgebundener Entwicklungsfortschritte Stagnation des Sprechantriebs und des Imitationslernens
Eingeschränkter Austausch mit der Umwelt
Störung der Wahrnehmungsverarbeitung
Belastung sozialer Beziehungen
Störung der Wahrnehmungsverarbeitung

I. Das Wechselwirkungsphänomen Autismus

Das Wort *Autismus* ist von dem griechischen Pronomen »autos« (= selbst) abgeleitet (vgl. z. B. Automobil = selbst beweglich) und bezieht sich auf das zunächst augenfälligste Merkmal autistischer Personen: ihre Selbstbezogenheit.

1. Der geschichtliche Rückblick

Erstmals wurde der Begriff »Autismus« im Jahre 1911 von dem Schweizer Psychiater Eugen Bleuler geprägt und in die Fachliteratur eingeführt. Er beschrieb »autistischen« Rückzug, Kontaktabwehr und eine Störung des Realitätsbezugs als Begleitmerkmale schizophrener Erkrankungen.

Drei Jahrzehnte später, im Jahre 1943, berichtete der amerikanische Kinderpsychiater Leo Kanner über elf Kinder, die selbst aus psychiatrischem Blickwinkel in ungewöhnlicher Weise auffällig waren: Sie lehnten Kontakt ab, sie sprachen gar nicht oder in eigentümlicher Weise, und sie waren sehr um die Gleicherhaltung ihrer Umgebung bemüht. Um diese ungewöhnlichen Verhaltensweisen einzuordnen, lehnte sich Leo Kanner an den Autismusbegriff seines Schweizer Kollegen an. Seine *Diagnose* (wörtl. Entscheidung) lautete: »Autistische Störungen des emotionalen Kontaktes« und »Frühkindlicher Autismus«.

Zufällig reichte genau zum selben Zeitpunkt, im Herbst des Jahres 1943, der Kinderarzt Hans Asperger in Wien seine Habilitationsschrift über die ausgeprägt eigenwilligen Verhaltensweisen einiger Jungen ein. Unter den Beurteilungsgesichtspunkten, die vor 50 Jahren zeitgemäß waren, stellte er bei ihnen eine »Extremvariante des männlichen Charakters« fest und diagnostizierte »Autistische Psychopathie«.

Dafür, daß es das Phänomen »Autismus« jedoch schon lange vor seiner begrifflichen Festlegung gab, sprechen die ausführlichen Beschreibungen autismustypischer Besonderheiten in den Berichten über *Wolfskinder*.

Wolfskinder

Seit im 14. Jahrhundert der rätselhafte »hessische Wolfsjunge« auftauchte, sind in verschiedenen Ländern bis heute etwa 50 weitere »wilde Menschen« in freier Natur, manchmal sogar mit Tieren zusammenlebend, aufgefunden worden. Rätselhaft ist weniger, warum die »Wolfskinder« in der Wildnis lebten: Sie wurden ausgesetzt. Bis heute ungeklärt ist aber die Frage: Trennte man sich von ihnen, weil sie autistische Wesenszüge hatten, mit denen ihre soziale Umwelt überfordert war? Oder stimmen die beschriebenen Verhaltensweisen deshalb so beeindruckend mit den Auffälligkeiten autistischer Kinder überein, weil ihnen der zwischenmenschliche Austausch fehlte?

Der französische Regisseur François Truffaut konnte sich der Faszination der Wolfskinder nicht entziehen. Sein Film »Der Wolfsjunge« beschreibt den »wilden Jungen von Aveyron«, der 1799 nackt bei Rodez in den Wäldern von Aveyron eingefangen wurde. Dokumentarische Filmvorlage waren zwei ausführliche Berichte von Jean-Marc-Gaspard Itard, dem Schularzt der Pariser Nationalen Gehörlosenschule. Er versuchte fünf Jahre lang mit gemischtem Erfolg, den »Victor« genannten Jungen zu zivilisieren. Die Geschichte eines ähnlichen Falls verfilmte der deutsche Regisseur Werner Herzog unter dem Titel: »Jeder für sich und Gott gegen alle«. Im Mittelpunkt steht Kaspar Hauser, der seit seinem vierten Lebensjahr, von 1816 bis 1828, ohne menschliche Kontakte in einem dunklen Raum isoliert, in der Umgebung von Nürnberg aufgewachsen war.

Auch verschiedene Fallberichte aus Amerika (der älteste von John Haslam aus dem Jahre 1809) und England (von der Wiener Psychoanalytikerin Melanie Klein aus dem Jahre 1930) enthalten eindrucksvolle Gemeinsamkeiten: Die Kontakt-, Sprach- und Verhaltensauffälligkeiten der beschriebenen Jungen paßten in keine der damaligen diagnostischen Kategorien, denn sie waren – nach späterer Terminologie – autistisch.

2. Die Vorurteile

Frühkindlicher Autismus ist eine sehr schwerwiegende, aber auch sehr seltene Entwicklungsstörung, so daß die meisten Menschen im Laufe ihres Lebens niemals ein Kind, einen Jugendlichen oder einen Erwachsenen mit einer ausgeprägten Autismusproblematik kennenlernen werden. Daher halten sich Unwissenheit und Vorurteile, sowohl was das Erkennen dieser Störung betrifft als auch über ihre Erscheinungsformen.

Verbreitet sind besonders folgende Vorstellungen:

- »Autistische Kinder reagieren nicht auf Menschen« oder »autistische Kinder meiden Blickkontakt«. Eine autistische Wahrnehmungsverarbeitungs- und Beziehungsstörung kann jedoch recht vielfältigen Ausdruck finden. Eine unter günstigen Voraussetzungen mögliche soziale Zugänglichkeit schließt aber das Vorhandensein einer autistischen Grundstörung nicht aus.
- »Das Kind kann nicht autistisch sein, denn es spricht« oder »... denn es läßt sich ja anfassen«. In keiner autistischen Persönlichkeitsstruktur treten jedoch alle autismustypischen Merkmale gleichzeitig auf.

– »Über die Ursachen des Autismus ist nichts bekannt«. Die Erkenntnisse der letzten Jahre sind jedoch so zahlreich, daß allgemeine Bequemlichkeit dazu verführt, weiterhin von einer »rätselhaften Krankheit« auszugehen, statt alle bereits gefundenen Ursachen zur Kenntnis zu nehmen und im Gedächtnis zu speichern.

Diagnostische Kriterien

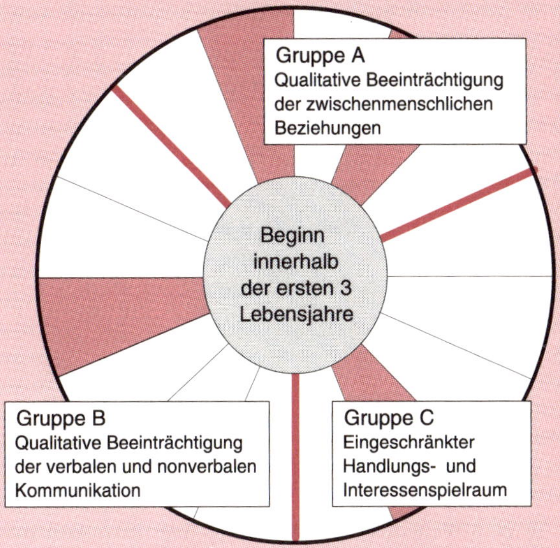

Voraussetzung für die Diagnose A u t i s m u s entsprechend den Kriterien des DSM–III–R

Mindestens 8 von 16 Merkmalen treffen zu:

Mindestens 2 aus Gruppe A
Mindestens 1 aus Gruppe B
Mindestens 1 aus Gruppe C

3. Die diagnostische Klassifikation

In den fünfziger Jahren waren es weltweit noch etwa 40 Klassifikationssysteme psychischer Störungen, die um die Gunst der Praktiker und Forscher wetteiferten. Inzwischen genießen vor allem zwei konzeptionell weitgehend übereinstimmende Beurteilungssysteme internationale Anerkennung: Das *DSM-III-R* und die *ICD-10*.

DSM-III-R

DSM-III-R ist die Revision der III. Auflage des »Diagnostic and Statistical Manual of Mental Disorders«. Dieses seit 1952 von der American Psychiatric Association (APA) herausgegebene »Diagnostische und Statistische Manual Psychischer Störungen« wurde von 26 Beratungsausschüssen mit mehr als 200 Mitgliedern überarbeitet. Auf der Achse II (eines fünf Achsen umfassenden Beurteilungssystems) wird die »Autistische Störung« als schwere Form einer früh beginnenden »tiefgreifenden Entwicklungsstörung« eingestuft.

ICD-10

ICD-10, die zehnte Überarbeitung der »International Classification of Diseases«, wurde von der Weltgesundheitsorganisation (WHO) herausgegeben. Im Kapitel V(F), das die »klinisch-diagnostischen Leitlinien psychischer Störungen« beinhaltet, wurde der frühere Krankheitsbegriff wohlüberlegt durch die Bezeichnung »Störung« ersetzt, um schwerwiegende Verhaltensauffälligkeiten grundsätzlich als Belastung individueller und sozialer Funktionen zu erkennen zu geben.

II. Das Erscheinungsbild

Auf den ersten Blick sind autistischen Kindern ihre Wahrnehmungsverarbeitungs- und Beziehungsstörungen nicht anzusehen. Viele sind ernst, traurig, in sich versunken. Andere wirken dagegen eher selbstgenügsam heiter – solange man sie nicht bei ihrer Lieblingsbeschäftigung unterbricht. Während natürlich auch andere Kinder, die nicht autistisch sind, häufigen Stimmungsschwankungen unterliegen, wird bei genauerem Hinsehen an fast allen autistischen Personen eine anziehende und zugleich abweisende Ausstrahlung spürbar. Weil jedoch die äußere Erscheinung von ihrer komplizierten Innenwelt zunächst wenig zu erkennen gibt, werden die Betroffenen vor allem in der Öffentlichkeit durch für sie überhöhte, nicht zu erfüllende Erwartungen überfordert.

1. Wahrnehmung und Beziehung

Ein Dutzend verschiedene, aber gleichzeitig zu Gehör gebrachte Radioprogramme ließen sich nur durch die

Selektive Wahrnehmung

Wahrnehmung bezeichnet das Aufnehmen und das Empfinden von Sinnesreizen (Umwelt- und Körperreizen), die von jedem Menschen zu seinem subjektiven Abbild der Wirklichkeit verarbeitet werden. Aus verschwommenen Totalerlebnissen des Säuglingsstadiums entwickelt sich erst allmählich eine »selektive« (auswählende) Wahrnehmung, durch die mittels Erfahrung und Lernen (Verwertung der Erfahrung) einzelne belebte und unbelebte Objekte der Umwelt voneinander unterschieden und ihrer erfahrenen Bedeutung entsprechend verarbeitet werden können.

Die Symptome auf einen Blick

Beziehungsstörungen

1. Kein oder geringes Einfühlungsvermögen
2. Kein oder ungewöhnliches Verlangen nach Trost in Situationen seelischer Not
3. Keine oder eingeschränkte Imitationsbereitschaft und Imitationsfähigkeit
4. Kein oder ungewöhnliches soziales Spielverhalten
5. Eingeschränkte Gruppenfähigkeit

Kommunikationsstörungen

1. Eingeschränkte Kommunikationsbereitschaft und Kommunikationsfähigkeit
2. Ungewöhnliche nonverbale Kommunikation
3. Eingeschränkte Fähigkeit, sich in die Phantasie anderer Menschen hineinzudenken
4. Auffälligkeiten der Sprechform
5. Auffälligkeiten der Sprechinhalte
6. Eingeschränkte Dialogfähigkeit auch bei gut ausgebildetem Sprechvermögen

Bewältigungsversuche

1. Stereotype Körperbewegungen
2. Ungewöhnlich häufiges Wiederholen derselben Beschäftigungen
3. Unbehagen und Widerstand gegenüber Veränderungen in der alltäglichen Umgebung
4. Zwanghaftes Bestehen auf exakt gleichförmiger Wiederholung gewohnter Aktivitäten
5. Eingeschränktes Interessen- und Beschäftigungsspektrum

Beispiele zu Beziehungsstörungen:

- Benutzt Personen wie Gegenstände; reagiert nicht oder mit kontroverser emotionaler Resonanz auf den Kummer anderer; bemerkt Bedürfnisse anderer nicht.
- Sagt nach einer schmerzhaften Verletzung immer wieder z. B. »Käse, Käse, Käse… « oder »hast Du Dir *nicht* weh getan, hast Du Dir *nicht* weh getan… «
- Winkt nicht zum Abschied; ahmt nicht die häuslichen Aktivitäten der Mutter nach; imitiert Handlungen anderer mechanisch, ohne auf Situations- und Sinnbezug zu achten.

Grundlage der Übersicht: DSM-III-R und ICD-10

- Nimmt nicht aktiv an Gruppenspielen teil; spielt lieber allein; benutzt andere Kinder beim Spielen als mechanische Hilfen.
- Hat kein Verständnis für soziale Regeln; bezieht an eine Gruppe gerichtete Ansprache nicht auf sich; liest uninteressierten Gleichaltrigen Telefonbücher vor.

Beispiele zu Kommunikationsstörungen:

- Keine oder wenig »Baby-Sprache« (Lallen, Plappern); eigenwillige, wenig imitative Sprachmuster; keine oder wenig sprachbegleitende oder -ersetzende Mimik und Gestik.
- Eigenwilliger, kaum imitativer nonverbaler Ausdruck; kann Körperkontakt nur zulassen, wenn Intensität und Zeitpunkt selbst bestimmt sind; selten Blickkontakt.
- Wenig kreative und phantasievolle Aktivitäten; Beeinträchtigungen im sozial-imitierenden und »So tun als ob«-Spiel; geringes Interesse an Phantasiegeschichten.
- Eigenwilliger (Ein-Wort-)Satzbau; geringe Veränderungen der Sprechmelodie, die kommunikative Modulation widerspiegelt; fragenartige Satzbetonung.
- Mechanische Wort- oder Satzwiederholungen ohne Beachtung des Sinn- oder Situationsbezuges; meint »ich«, aber sagt »du«; kann Sprache besser verstehen als anwenden.
- Wenig sichtbare oder ungewöhnliche Resonanz auf Ansprache; kann gestische und mimische Signale anderer schwer verstehen; neigt zu situationsfernen Monologen.

Beispiele zu Bewältigungsversuchen:

- Ausdauerndes gleichförmiges Drehen, Schaukeln, Hüpfen; Hand-, Fingerbewegungen vor den Augen; Armflattern und Händeklatschen als Ausdruck emotionaler Erregung.
- Befühlt, beriecht oder beklatscht beharrlich Objekte und Materialoberflächen; dreht sehr ausdauernd an beweglichen Teilen; wedelt gleichförmig mit einer Schnur.
- Wehrt sich gegen das Tragen neuer Kleidung; ißt nur weiche Kost oder nur bestimmte Nahrungsmittel; erlebt das Umstellen der häuslichen Möbel als sehr unangenehm.
- Kann Abweichungen von gewohnten Wegen, Zeitpunkten, Reihenfolgen schwer ertragen; entsprechen Abläufe nicht den Erwartungen, entstehen Ängste oder Aggressionen.
- Interessengebiete: kontrollierbare Gegenstände (Lichtschalter, Wasserhahn, technische Geräte) und änderungsresistente technische, topographische oder Kalenderdaten.

ausschließliche Konzentration auf ein einziges Programm ertragen, d. h. durch *Selektive Wahrnehmung*.

Autistischen Kindern fehlt der Überblick, um selektiv wahrzunehmen, zu vergleichen, zu bewerten und sich für bestimmte Wahrnehmungselemente zu entscheiden. Um von der Reizvielfalt der Umwelt nicht überflutet zu werden, reagiert ihr Wahrnehmungsmechanismus »überselektiv«: Der Wahrnehmungsblickwinkel ist so eingeengt,

Scheint gehörlos, erkennt Gefahren nicht.

daß ihre Sinne nur eine winzige Einzelheit aufnehmen, die sie dann aber außerordentlich genau registrieren. Als Folge des eingegrenzten Wahrnehmungsfeldes erscheinen sie oftmals gehörlos und können auch Gefahren nicht »erkennen«. Selten ist die Hörfähigkeit jedoch wirklich beeinträchtigt.

Eigentlich beziehungsförderliche und entwicklungsfördernde Kommunikations- und Beschäftigungsangebote, die ein autistisches Kind gar nicht erst aufgreift (»wahrnimmt« in der doppelten Wortbedeutung), kann es auch nicht mit den Detailwahrnehmungen vergleichen, die seine Aufmerksamkeit voll beanspruchen. Folglich fehlt ihm die Voraussetzung, die Angebote zu bewerten und als Erfahrung zu verwerten.

Braucht sensible Lernmotivationshilfen.

Wahrnehmen ist ein aktiver Vorgang, der auch auf die Motivation, wahrnehmen zu wollen, angewiesen ist. Nur sehr sensible Lernmotivationshilfen können autistische Kinder in die Bereitschaft versetzen, neue Wahrnehmungserfahrungen (vor allem mit Menschen) zu machen.

Der ausbleibende Nachahmungstrieb wahrnehmungseingeengter Kinder wirkt sich folgenschwer auf ihre

Vermag nur mit geduldiger Unterstützung Sinn und Notwendigkeit sozialer Spielregeln zu erkennen.

sozialen Beziehungen und damit auf ihre gesamte Entwicklung aus. Denn, wie der Schweizer Entwicklungspsychologe Jean Piaget bei nichtautistischen Kindern experimentell nachweisen konnte, erwachsen die sich im zweiten Lebensjahr ausbildenden Vorstellungen nicht aus der Wahrnehmung, sondern aus verinnerlichter Imitation.

Die Nachahmungstätigkeit (als eine Art Vorstellung in körperlichen Handlungen und noch nicht im Denken) ist

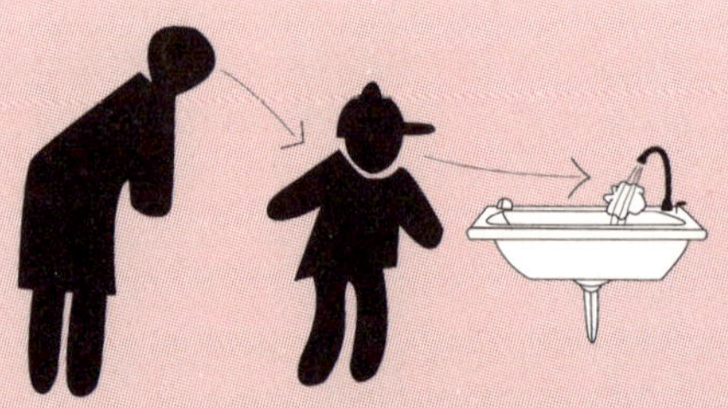

Wird mehr von (kontrollierbaren) Objekten als von (kontrollierenden) Menschen angezogen.

also die Grundlage für gedankliche Vorstellungskraft und für symbolische Spiele. Autistischen Kindern fehlen die Grundbausteine für Vorstellungsfähigkeit und Einfühlungsvermögen.

Das Bewußtsein, daß ein dingliches oder menschliches Objekt auch dann noch vorhanden ist, wenn es sich nicht mehr im Wahrnehmungsbereich befindet, entwickeln nichtautistische Kinder im zweiten Lebensjahr. Es setzt eine gedankliche Vorstellung des jeweiligen Objektes voraus. Ohne Vorstellungsfähigkeit kann sich keine Erkenntnis von der *Permanenz* (Beständigkeit) der Objekte entwickeln. Auch Erkenntnisse über Zusammenhänge können nur über Vorstellungen von wirklichkeitsentsprechenden Wahrnehmungen gewonnen werden. Wegen dieser Defizite der Vorstellungs- und Verarbeitungsfähigkeit bieten beständige, kontrollierbare Gegenstände einen größeren Anreiz für autistische Kinder als menschliche Objekte, deren Existenz jedesmal wieder in Frage gestellt erscheint, wenn sie aus dem Wahrnehmungsbereich entschwunden sind. Außerdem erscheinen sie aus frühkindlich-autistischer Wahrnehmungsanschauung sehr kompliziert und vieldeutig; sie sind weniger bedürfnisentsprechend zu handhaben als unbelebte Objekte. Schließlich unterbrechen sie sogar Lieblingsbeschäftigungen und neigen zu Veränderungen. Zwar können ältere Kinder, Jugendliche und Erwachsene mit autistischen Störungen allmählich ein Bewußtsein für menschliche Permanenz und ein (Nachhol)Bedürfnis nach Sozialkontakt erwerben, eine ausgeprägte Vorliebe für Gegenstände und Sachthemen bleibt jedoch erhalten.

2. Sprache und Gefühle

Sagt ein autistisches Kind: »Möchtest du ein Eis«, lassen wahrscheinlich Mimik und Tonfall erkennen, wem das Angebot eigentlich gilt. In der *pronominalen Umkehr*, der Verwendung von »du«, wenn »ich« gemeint ist, kommen

Echolalie

Echolalie bezeichnet echohaftes Wiederholen einzelner Wörter oder Sätze als spontanes Echo oder zeitfern von der sprachlichen Vorgabe. Zu echolalischen Äußerungen neigen Kinder, die besser sprechen als Sprache verstehen können. Oft ist echohafter Sprachgebrauch ein Kommunikationsangebot im Rahmen der begrenzten Möglichkeiten. Überforderung, Mangel an erlebter Wertschätzung oder eine angespannte Beziehung können echolalische Aktivität jedoch auch als Abwehr herausfordern.

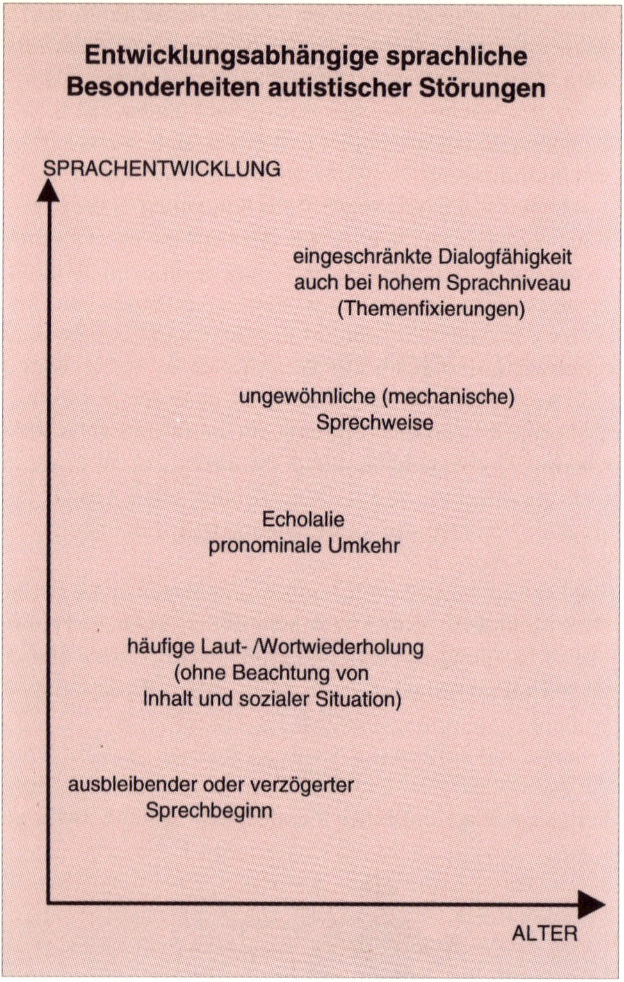

Entwicklungsabhängige sprachliche Besonderheiten autistischer Störungen

wie in der *Echolalie* vorstellungsabhängige Sprachverständnisschwierigkeiten beispielhaft zum Ausdruck. Denn weil das Kind mit »du« angesprochen wird, wenn es gemeint ist, entwickelt es ein sprachliches Selbstverständnis als »Du«. Entsprechend bereitet die Anwendung aller *deiktischen* (zeigenden, hinweisenden) Begriffe Schwierigkeiten, deren Bedeutung sich mit dem räumlichen oder zeitlichen Standpunkt des Sprechers ändert. Vorstellungsschwäche erschwert, nichtgegenständliche Benennungen zu verstehen und emotionale Botschaften zu entschlüsseln.

Ist ein wahrnehmungsgestörtes Kind nicht in der Lage, seine eigenen Gedanken, seine Bedürfnisse und Gefühle sprachlich auszudrücken, und gelingt es ihm darüber hinaus nicht, vielleicht vorhandene Verständniskundgebungen aus der Umgebung zu erkennen, kann es sich unmöglich verstanden fühlen.

Das ist umso gravierender, da es doch wegen der erdrückenden Fülle seiner gesamten Überforderungen Verständnis so dringend benötigte. So haben die 50 Prozent nichtsprechenden autistischen Kinder allen Grund zu sprachunabhängigen Gefühlsausbrüchen, die Sprache ersetzen zu müssen.

Viele der autistischen Kinder scheinen den körperlichen Schmerz vermindert zu empfinden. Freude, Trauer oder Wut fühlen sie dagegen sehr intensiv. Die Anlässe ihrer Emotionen erscheinen für andere oftmals ungewöhnlich oder unverständlich.

Mitgefühl können nur wenige autistisch gestörte Kinder entwickeln. Denn es erfordert die Vorstellungsfähigkeit, sich in andere hineinzuversetzen. Diese Schwäche

Erlebt häufig Frustrationen, die wütend machen.

Kann sich sehr lebhaft freuen,
der Anlaß ist nicht immer erkennbar.

der gefühlsmäßigen Du-Bezogenheit, die von anderen leicht als bewußter Egoismus fehlinterpretiert wird, macht es für betroffene Jugendliche und Erwachsene (trotz wachsenden Verlangens nach sozialem Austausch) fast unmöglich, Partner(innen) für Freundes- und Liebesbeziehungen zu finden.

3. Die Bewältigungsversuche

Kleinkinder wagen aus der Sicherheit und Geborgenheit des mütterlichen Schutzes heraus ihre Umwelt zu erkunden. Ein autistisch wahrnehmendes Kind spürt diesen Schutz, diese Sicherheit nicht.

Deshalb versucht es durch Bindungen an gut kontrollierbare Gegenstände, durch *stereotype* (gleichförmige) Körperbewegungen und durch häufige Wiederholungen vertrauter Handlungen sich ein Gefühl von Sicherheit zu verschaffen.

Mit einer Abwehr von Veränderungen sollen Unsicherheitsfaktoren möglichst klein gehalten werden. Es handelt sich hier offensichtlich um einen Versuch der Selbst-

Benutzt Objekte auf unkonventionelle Weise,
läßt sich sehr ungern unterbrechen.

hilfe zur Weiterentwicklung, denn ein Erkundungsbedürfnis kann ja erst entstehen, nachdem das Grundbedürfnis nach Sicherheit befriedigt ist.

Verbote dieser stereotypen Selbsthilfemechanismen könnten die Beziehungsstörung vertiefen und die Unsicherheit vergrößern. Aus der Wahrnehmungs- und Gefühlsperspektive des Kindes würden dann die stereotypen Kompensierungsversuche noch unverzichtbarer.

Die therapeutischen Alternativen zum autoritären Un-

Bevorzugt beharrlich die Wiederholung von Bewegungsabläufen.

terbinden stereotypen Verhaltens erscheinen zwar langwieriger, wirken aber ursächlicher und sind deshalb sehr viel aussichtsreicher.

Soziale Beziehungen werden schon dadurch ansatzweise entstört, daß es gelingt, in sich häufig wiederholenden Handlungsabläufen einen Sinn und eine Notwendigkeit zu erkennen: Gewohnheiten schaffen eine subjektive Gleicherhaltung der Umgebung, machen Geschehnisse überschau- und kontrollierbarer. Vertrautheit schafft Vertrauen und damit die Grundlage für das Gefühl von Sicherheit.

Man muß allerdings nicht im Sinne diagnostischer Klassifikation als autistisch gelten, um an liebgewonnenen Gewohnheiten festzuhalten.

Fremdbestimmte Veränderungen und Handlungsunterbrechungen führen bei jedem Menschen zu wissenschaftlich verbürgter Verstimmung. Viele allgemein übliche Verhaltenszwänge sind Bewältigungsversuchen autistischer Kinder in Funktion und Ausführung sogar bemerkenswert ähnlich.

Ein leicht zu überprüfendes Beispiel ist der riskante Versuch, Streß oder psychische Mangelerscheinungen durch gleichförmige Rauchhandlungen zu bewältigen,

(Fremdbestimmte) Veränderungen lösen Verunsicherung, Ängste und Panikstimmungen aus.

Kann in ungewöhnlicher, manchmal sehr geschickter Weise hyperaktiv sein.

Kann nur auf "kompensatorisch- sensible" Ansprache zugewandt reagieren.

deren Problematik wahrnehmungstrübende Werbesuggestionen »erfolgreich« verschleiern. Fließend sind die Übergänge von »autistischer Sammelstereotypie« zu verbreiteten »Sammelleidenschaften«.

III. Die Abgrenzung zu anderen Störungsbildern

Erst das gemeinsame Auftreten teils recht verschiedenartiger Symptome begründet eine Autismusdiagnose. Deshalb sind Überschneidungen mit Problemkreisen anderer Störungsbilder eher die Regel als die Ausnahme. Bisher waren es meist betroffene Eltern, die als erste bemerkten, wenn die Entwicklung ihres Kindes in ungewöhnlichen (autismustypischen) Bahnen verlief, in Entwicklungsbahnen, die mit einer kinderärztlichen Spätentwicklerdiagnose allein nicht zu erklären waren.

Syndrom

Der Begriff *Syndrom* umschreibt das Zusammentreffen mehrerer Symptome (Kennzeichen, normabweichende Merkmale), das entweder nach dem entdeckenden Wissenschaftler oder mit einem deskriptiven (beschreibenden) Namen bezeichnet wird (Beispiel: Asperger-Syndrom, kombiniertes Syndrom).

Atypischer Autismus unterscheidet sich vom frühkindlichen Autismus dadurch, daß die autistischen Auffälligkeiten ungewöhnlich spät beginnen oder nur in ein bis zwei Symptomgruppen (der drei Bereiche: Beziehungsstörungen, Kommunikationsstörungen und Zwangssymptomatik) auftreten.

Das Tourette-Syndrom ist eine Kombination aus verschiedenen vokalen Tiks (wie z. B. Räuspern, Grunzen, Wiederholung eigener oder sozial unerwünschter Wörter) und stereotypen Bewegungswiederholungen (wie z. B. Springen und Hüpfen, Sich-Selbst-Schlagen, Grimassenschneiden). Die überwiegend in früher Kindheit beginnenden Auffälligkeiten kann man bei Jungen weitaus häufiger beobachten als bei Mädchen. Sie sind von verschiedensten emotionalen Störungen begleitet und treten verstärkt unter Streßeinwirkungen auf.

Das Rett-Syndrom, das bisher nur bei Mädchen festgestellt wurde, entwickelt sich zwischen dem 7. und 24. Lebensmonat. Die auffälligsten Hinweise sind: Rückbildung bereits erworbener Fähigkeiten, vor allem des Sprachgebrauchs und des Gebrauchs der Hände (der sich auf wringende »Händewaschbewegungen« konzentriert), heftiges schnelles Atmen, eingeschränktes Kauen und autistische Rückzugstendenzen.

Das Heller-Syndrom ist durch eine allmählich fortschreitende Minderung geistiger Funktionen geprägt, die erst nach zwei- bis dreijähriger unauffälliger Entwicklung eines Kindes beginnt. Betroffen sind sprachliche, soziale und motorische Fähigkeiten. Autismusähnlich erscheinen der allgemeine Verlust des Interesses an der Umwelt, motorische Stereotypien und kommunikative Beeinträchtigungen.

Die hyperkinetische Störung (mit Intelligenzminderung und Bewegungsstereotypien) wird dann diagnostiziert, wenn bei einem Kind tatsächlich alle drei Bedingungen zutreffen: Überaktivität, mittelgradige bis schwere Intelligenzminderung und gleichförmige Bewegungswiederholungen.

Das Asperger-Syndrom und die »autistische Psychopathie« sind bedeutungsgleiche austauschbare Begriffe. Sie definieren eine Autismusform, die Jungen achtmal häufiger als Mädchen zu betreffen scheint. (Beim frühkindlichen Autismus beträgt das Verhältnis zwischen Jungen und Mädchen vier zu eins.) Schwerwiegende Beziehungs- und Kommunikationsprobleme sowie eingeengter

Abgrenzung zu den Problemkreisen anderer psychischer Störungen

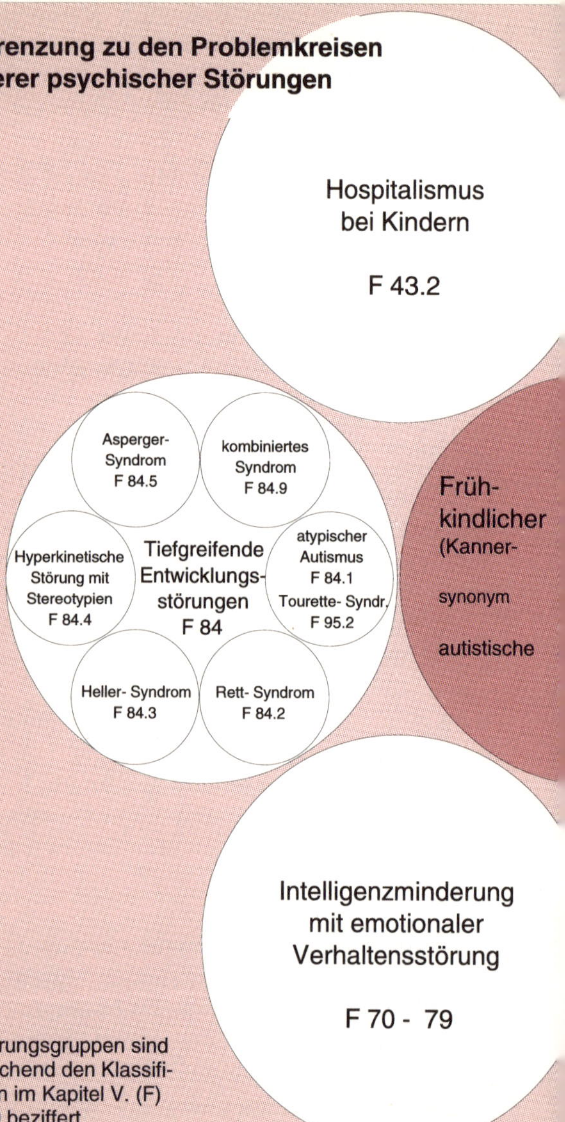

Die Störungsgruppen sind entsprechend den Klassifikationen im Kapitel V. (F) der ICD beziffert

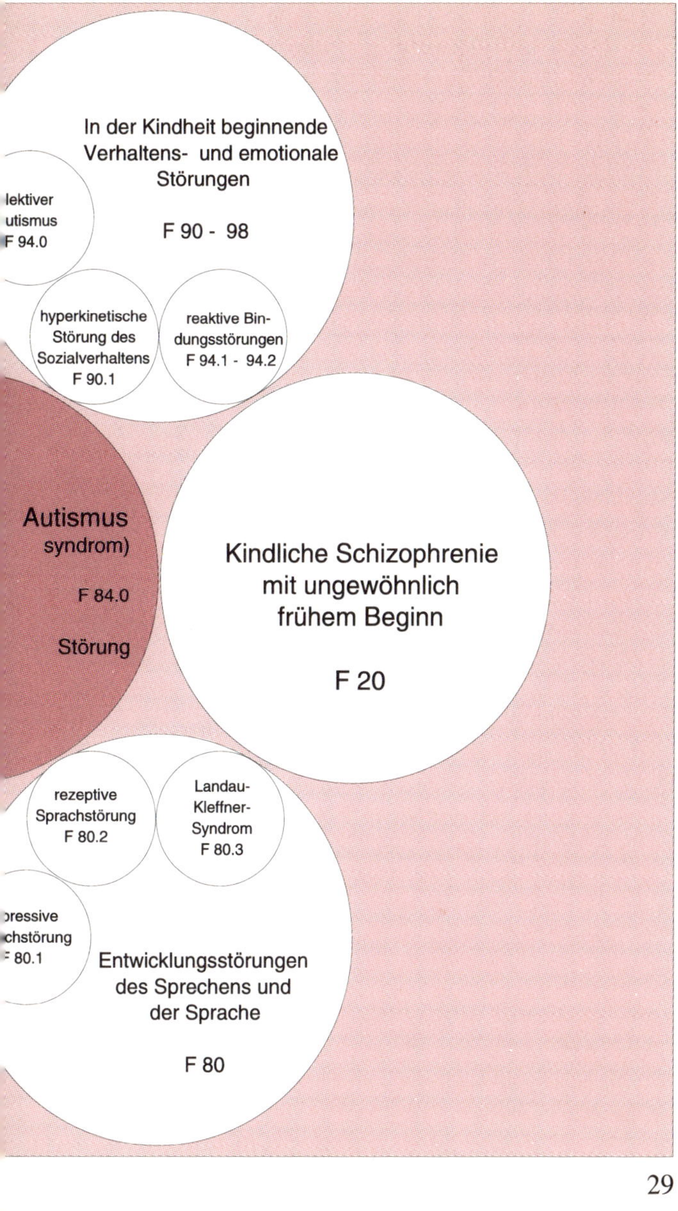
In der Kindheit beginnende Verhaltens- und emotionale Störungen
F 90 - 98
lektiver
utismus
F 94.0
hyperkinetische Störung des Sozialverhaltens
F 90.1
reaktive Bindungsstörungen
F 94.1 - 94.2
Autismus
syndrom)
F 84.0
Störung
Kindliche Schizophrenie mit ungewöhnlich frühem Beginn
F 20
rezeptive Sprachstörung
F 80.2
Landau-Kleffner-Syndrom
F 80.3
ressive
chstörung
80.1
Entwicklungsstörungen des Sprechens und der Sprache
F 80

Interessen- und Beschäftigungsspielraum entwickeln sich wie beim frühkindlichen Autismus. Das Asperger-Syndrom unterscheidet sich jedoch durch einen späteren Beginn der Auffälligkeiten (ab zweitem bis drittem Lebensjahr) sowie eine motorische Entwicklungsverzögerung, die in krassem Gegensatz zu einer schnellen und durchschnittlichen bis überdurchschnittlichen Entwicklung sprachlicher und intellektueller Fähigkeiten steht.

Das kombinierte Syndrom ist eine nicht näher bezeichnete tiefgreifende Entwicklungsstörung, die dann diagnostiziert wird, wenn ein Mangel an Information oder widersprüchliche Befunde keine genauere Zuordnung gestatten.

Hospitalismus bei Kindern ist eine Gefühlsmangelstörung, die sich nach längerem Krankenhaus-, Anstalts- oder Heimaufenthalt bei Kindern beobachten läßt und die heute auch mit den Begriffen »Deprivationssyndrom«, »Separationssyndrom« oder »emotionales Frustrationssyndrom« beschrieben wird. Schon 1899 machte der Kinderarzt M. von Pfaundler darauf aufmerksam, daß nicht die Anhäufung von Säuglingen in Hospitälern und auch nicht Bakterien diese schwerwiegende Entwicklungsstörung verursachen. Es dauerte jedoch viele Jahrzehnte, bis allgemein erkannt und anerkannt wurde, welche Bedeutung beständige emotionale Zuwendung innerhalb der ersten zwei Lebensjahre eines Kindes hat. Die von René Spitz im Jahre 1946 vorgelegten empirischen Bestätigungen wurden noch lange mit der Begründung untersuchungsmethodischer Mängel angezweifelt.

Entwicklungsrückschritte (wie das Wiederauftreten von Daumenlutschen, Babysprache oder Bettnässen) und Verhaltensauffälligkeiten (wie Nägelbeißen, Haarausreißen und stereotype Schaukelbewegungen) sind die zunächst sichtbaren emotionalen Mangelerscheinungen.

Häufige oder andauernde Mangelerfahrungen können aber die gesamte körperliche, geistige, emotionale und soziale Entwicklung steuern und übersteigertes Kontaktbedürfnis, aber auch autismusähnliche Teilnahmslosigkeit und Kontaktabweisung auslösen.

Elektiver Mutismus ist eine meistens in früher Kindheit beginnende, manchmal durch Schreckerlebnisse ausgelöste Störung der Kommunikation, die vor allem in einer Sprachanwendungsstörung sichtbar wird (lat. »mutus« = stumm). Trotz nachgewiesener Sprechmöglichkeiten verhalten sich überempfindsame Kinder (Jungen wie Mädchen etwa gleich häufig) in *elektiven* (ausgewählten) sozialen Situationen mutistisch. Bevorzugt unterhalten sie sich mit jüngeren Kindern oder mit Tieren – die mit allen Äußerungen einverstanden sind. Bevor sie ihre Sprechfähigkeit anwenden können, brauchen sie das Gefühl, daß ihr Schweigen verstanden wird. Die Kommunikationsprobleme mancher autistischer Kinder können sich auch als zusätzlicher elektiver oder totaler Mutismus offenbaren.

Hyperkinetische Störung des Sozialverhaltens ist die Diagnose für eine Problemverbindung aus Aufmerksamkeitsstörung, Überaktivität und Störung des Sozialverhaltens (Wutausbrüche, Weglaufen, Aggressivität). Nur wenn die Auffälligkeiten mindestens sechs Monate bestehen, aber nicht Teil einer tiefgreifenden Entwicklungsstörung sind, ist diese diagnostische Beurteilung sinnvoll.

Reaktive Bindungsstörungen als Folge von Vernachlässigung, Mißbrauch oder Mißhandlung entwickeln sich vor dem fünften Lebensjahr. Erkennungsmerkmale sind Unglücklichsein, emotionale Unansprechbarkeit, Rückzug oder Aggressivität. Im Gegensatz zu einer autistischen Störung fehlen autismustypische Merkmale der Wahrnehmungsverarbeitung, der Kommunikation und der gleichförmigen Beschäftigungen. Außerdem besteht Interesse am Kontakt zu anderen Kindern. Eine Veränderung der sozialen Bedingungen kann manchmal schon in kurzer Zeit wesentliche Besserungen bewirken.

Kindliche Schizophrenie mit ungewöhnlich frühem Beginn ist eine sehr seltene Realitätsbezugsstörung, die in einem Abbau der Beziehungen zur Umwelt sichtbar wird. Wie bei der autistischen Störung haben auch Ängste eine zentrale Bedeutung. Emotionale Beziehungslosigkeit, plötzliche, heftige Stimmungsschwankungen, monotone Sprache, Wortneubildungen und Interesseneinengungen entsprechen den Auffälligkeiten autistischer Kinder. Eine Abgrenzung zum frühkindlichen Autismus ist problematisch, weil die Unterscheidungsmerkmale einer kindlichen Schizophrenie nur in einem späteren Beginn, in (schwer nachweisbaren) Wahnvorstellungen und Halluzinationen und in (erst rückblickend sichtbarer) anderer Verlaufsform bestehen.

Das Landau-Kleffner-Syndrom ist eine erworbene *Aphasie* (eine Rückbildung bereits entwickelter sprachlicher Fähigkeiten), die von (entzündungsbedingten) Krampfanfällen des Gehirns herbeigeführt wird. Die Störung beginnt im dritten bis siebten Lebensjahr (selten früher oder später). Sprechvermögen und Sprachverständnis können im Laufe einiger Monate, aber auch innerhalb weniger Tage oder Wochen verlorengehen. Da Gefühls- und Beziehungsstörungen den Verständigungsschwierigkeiten folgen, können nichtvokale Kommunikationsformen einen wichtigen Ausgleich schaffen. Die allgemeine Intelligenz bleibt erhalten. Ein Drittel der betroffenen Kinder kann wieder völlig gesund werden.

Die rezeptive Sprachstörung wird auch mit den bedeutungsgleichen Begriffen »entwicklungsbedingte *rezeptive*

Aphasie« und »entwicklungsbedingte *Wernicke-Aphasie*« beschrieben. Es ist eine (nicht durch Hörschaden bedingte) Entwicklungsstörung des Sprachverständnisses, die im Alter zwischen zwei und sieben Jahren sichtbar wird. Einige Auffälligkeiten entwickeln sich wie beim frühkindlichen Autismus, so z. B. Überaktivität, Störungen der Aufmerksamkeit und der sozialen Anpassung, fehlender Kontakt zu Gleichaltrigen, Interesseneinengung, Sprechstörungen und Echolalie. Die Intelligenz ist nicht beeinträchtigt. Im Gegensatz zur autistischen Störung besteht (zunächst) deutlich sichtbares Interesse an sozialem Austausch und an nichtsprachlicher Kommunikation.

Die expressive Sprachstörung beginnt im Alter von zwei bis drei Jahren mit einer verzögerten Sprechentwicklung und besteht später in umfassenden Schwierigkeiten, Wörter und Sätze zu bilden und anzuwenden. Voraussetzung für diese Diagnose ist ein weitgehend erhaltenes Hörvermögen. Intelligenz, Schreibfähigkeit, Interesse an sozialen Beziehungen und Kommunikation sind nicht beeinträchtigt. Mangel an verbalen Ausdrucksmöglichkeiten versuchen Kinder mit expressiven Sprachstörungen (im Gegensatz zu autistischen Kindern) durch Gestik, Mimik und eigene Lautäußerungen zu ersetzen.

Intelligenzminderung mit emotionaler Verhaltensstörung umfaßt Entwicklungsstörungen geistiger, sprachlicher, motorischer und sozialer Fähigkeiten. Sie kann in leichter, mittelgradiger und schwerer Ausprägung und gleichzeitig zusammen mit anderen psychischen Störungen auftreten. Grundsätzlich kann auch frühkindlicher Autismus in Verbindung mit niedriger, mittlerer oder hoher Intelligenz entstehen. Häufig ist aber eine Kombination mit verminderter Intelligenz festzustellen. Besonders schwere Formen der Intelligenzminderung sind oftmals von einem atypischen Autismus begleitet.

IV. Die Verbreitung

Autismusverbände in Deutschland, in Europa und in vielen Teilen der Welt haben deutlich sichtbar dazu beigetragen, die Dunkelziffer autistischer Kinder, Jugendlicher und Erwachsener zu verringern. Darüber hinaus hat der Film »Rain Man«, in dem Dustin Hoffman eine autistische Persönlichkeit spielt, eine erfolgreiche Aufklärungsarbeit geleistet. Dadurch wird aber bisweilen der trügerische Anschein erweckt, als sei die Zahl der autistischen Störungen stark angestiegen.

1. Die Verbreitung in Deutschland

Unter 10.000 Kindern sind vier bis fünf autistisch. Die Störung tritt bei Jungen drei- bis viermal häufiger auf als bei Mädchen. Unter der Voraussetzung einer nicht verkürzten (autismusbedingten) Lebenserwartung leben in Deutschland etwa 40.000 Einwohner mit autistischen Störungen.

Verteilung nach Altersgruppen:

1 bis	14 Jahre	5.000 – 6.000
14 bis	21 Jahre	3.000 – 4.000
21 bis über	65 Jahre	30.000 – 32.000

2. Die Verbreitung in sozialen Schichten

Etliche Untersuchungen, die in verschiedenen Ländern unabhängig voneinander durchgeführt worden sind, stimmen in einer Hinsicht überein: Eltern autistischer Kinder sind intelligenter und erreichen eine höhere berufliche Position als der Bevölkerungsdurchschnitt. Eine überzeugende Erklärung für diesen Zusammenhang konnte bisher nicht gefunden werden. Manchen Spekulationen begegnet ein anderes mehrfach bestätigtes Untersuchungsergebnis: Eltern autistischer Kinder gehen mit ihren Sorgenkindern ebenso liebevoll um wie mit deren (nichtautistischen) Geschwistern. Und sie sind bewundernswert fürsorglich.

3. Die Verbreitung in anderen Kulturkreisen

Autismus ist kein kulturspezifisches Phänomen. Autistische Kinder in aller Welt sind sich ähnlicher als nichtautistische Kinder und stimmen in ihren charakteristischen Auffälligkeiten sogar auf frappierende Weise überein. Diese Beobachtung ist jedoch nur auf den ersten Blick überraschend, denn von Kindern, die nicht nachahmen und nicht offen sind für Erziehungseinflüsse, ist kaum zu erwarten, daß sie in ihrem Verhalten unterschiedliche soziokulturelle Einflüsse widerspiegeln. Unerforscht ist jedoch noch, woher die bisher ermittelten, teilweise erstaunlichen Verbreitungsunterschiede rühren. In vielen Ländern scheint die Verbreitung von der relativen Häufigkeit von 0,04 bis 0,05 Prozent, die in Deutschland, in den westlichen Industrieländern und in Australien angenommen wird, abzuweichen. Der Psychologe Victor D. Sanua hat sich im Rahmen seiner Forschungstätigkeit an der New Yorker St. Johns Universität intensiv mit der Verbreitungsfrage befaßt. Seine Nachforschungen und internationale Studien ergeben:

a) beträchtliche Häufigkeitsunterschiede in verschiedenen Bevölkerungsgruppen Australiens und in verschiedenen japanischen Landesteilen,
b) eine sehr geringe Verbreitung in südamerikanischen Staaten, in Afrika, in Israel, in arabischen Staaten, in Indien und in China.

In dem »Forschungszentrum für die geistige Gesundheit des Kindes« der chinesischen Viereinhalbmillionen-Stadt

Nanjing wurden innerhalb von fünf Jahren (1982–1987) nicht mehr als 15 autistische Kinder gezählt. Nur zwei dieser Kinder kamen aus Nanjing selbst. In einigen japanischen Erhebungen wurden dagegen unter 10.000 Kindern 13 (in Toyota) und 16 (in Nagoya) aufgespürt, die nach den DSM-Kriterien als autistisch zu bezeichnen waren.

Begünstigt tatsächlich »Westernisierung« die Entstehung autistischer Störungen, wie Victor D. Sanua überzeugt vertritt? Oder fehlen zum Beispiel in China Fachleute, die eine Diagnose stellen können? Werfen in manchen Ländern andere Schwierigkeiten solch große Schatten, daß Autismus als untergeordnetes Problem gar nicht wahrgenommen wird? Diese Fragen warten noch auf Antworten.

V. Die Ursachen

Eine autistische Störung kann durch verschiedene Ursachen ausgelöst werden, die zusammen und in Wechselwirkung miteinander an der Entstehung beteiligt sein können. Aus dieser sogenannten *Multikausalität* (Vielursächlichkeit) ergibt sich auch die ungewöhnlich hohe Variationsbreite des Erscheinungsbildes.

Multikausalität

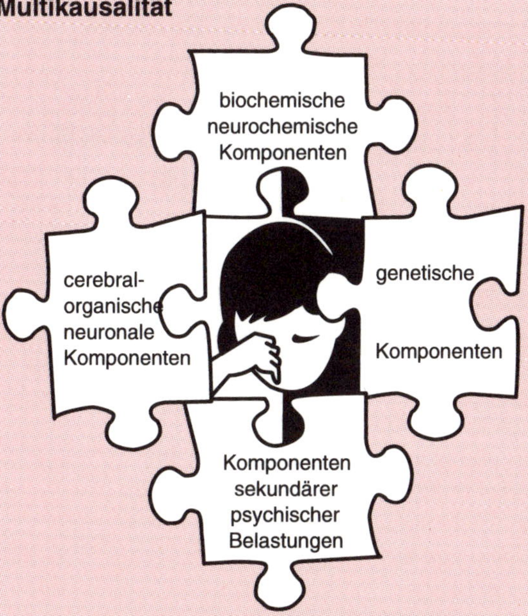

Das zentrale Puzzleteil der Abbildung ist ein von Autismusverbänden international eingesetztes Sinnbild. Angedeutet werden die verbreiteten genialen Puzzlefähigkeiten autistischer Kinder und zugleich ihre emotionalen und sozialen Probleme.

Um die Ursachen autistischer Störungen zu enträtseln, sind zwei Fragen zu beantworten:

- In welcher Art und an welcher Stelle ist die Funktion des Zentralnervensystems gestört?
- Auf welchem Wege werden die Störungen ausgelöst?

Auf der Suche nach einer Antwort auf die erste Frage haben sich verschiedene Forschungsstudien mit den Gehirnströmen von autistischen Kindern, Jugendlichen und Erwachsenen befaßt. Die Elektroenzephalogramme (EEG, Aufzeichnung elektrischer Spannungsänderungen in der Hirnrinde) zeigten einen auffälligen Hirnwellenrhythmus bei über 50 Prozent der Betroffenen:

- Am häufigsten fielen beschleunigte und zugleich abgeflachte Hirnstromwellen auf. Diese Wellenform rückt eine Übererregung der Hirnrinde ins Blickfeld. Ähnliche Wellenformen sind auch bei schizophrenen Störungen festzustellen.
- Neben dem charakteristischen Wellenprofil wurden (vergleichsweise selten) EEG-Veränderungen gefunden, wie sie von organischen Hirnschäden bekannt sind. Bei einem Drittel der von autistischen Störungen Betroffenen ist mit Krampfanfällen des Gehirns zu rechnen. (Zum Vergleich: Insgesamt bekommen fünf Prozent aller Menschen in ihrem Leben einen Anfall.)
- Die beschleunigten, abgeflachten Wellen treten nicht auf bei Intelligenzminderung ohne autistische Störung.
- Die Art der insgesamt gefundenen Auffälligkeiten zeigt jedoch, daß es kein autismusspezifisches EEG-Merkmal gibt.
- Nicht jede autistische Störung ist von einem auffälligen EEG begleitet, was angesichts der unterschiedlichen Störungsursachen kaum überrascht.

Untersuchungsbefunde mit Hilfe der Computeraufzeichnung elektromagnetischer Wellen (Kernspinresonanz-

Tomographie) zeigten Abweichungen innerhalb des Kleinhirns. Die Läppchen VI und VII des Kleinhirnwurmes scheinen in einem frühen Stadium in ihrer Entwicklung gehemmt zu werden.

Konventionelle Röntgenuntersuchungen bestätigten die schon seit langem vermuteten Beeinträchtigungen des Großhirns in den Bereichen des Stirnlappens und des darunter angrenzenden Schläfenlappens. Die meisten Hinweise deuten auf diesen vorderen Bereich der linken Großhirnrinde. Hier befindet sich auch am Stirnlappen (jedoch jeweils nur in der linken Hirnhälfte!) das motorische Sprachzentrum, welches der Franzose Paul Broca vor etwa 130 Jahren entdeckte.

Direkte elektrische Stimulation und die Anwendung des *Wada-Tests* haben ergeben, daß bei mehr als 95 Prozent der Rechtshänder die Sprache von der *linken* Hirnhälfte kontrolliert wird, aber auch bei 70 Prozent der *Linkshänder* konnte diese Funktion in der *linken* Hemisphäre nachgewiesen werden.

Die sprachlichen Schwierigkeiten (häufig linkshändiger) autistischer Kinder stehen in eindrucksvollem Kontrast zu ihren phänomenalen *Sonderbegabungen*. Ein

Wada-Test

Der nach seinem Erfinder Juhn Wada benannte Wada-Test zur Lokalisierung der Sprachfunktion besteht in der Betäubung einer *Hemisphäre* (Hirnhälfte), indem man eine schlafmittelähnliche Substanz in die rechte oder linke große Halsarterie injiziert. Von der Halsschlagader wird jeweils die auf derselben Seite gelegene Hirnhälfte mit Blut versorgt. Erreicht das Betäubungsmittel die Hälfte des Gehirns, die das Sprechen kontrolliert, so geht das Sprechvermögen für einige Minuten verloren.

Linkshändigkeit

90 Prozent der Bevölkerung sind rechtshändig. Der Grund dafür ist eine dominante (bestimmende) linke Hirnhälfte. 65 Prozent der autistischen Kinder sind dagegen links- oder beidhändig.
Unter Zwillingen tritt Linkshändigkeit (mit 20 Prozent) doppelt so häufig auf wie unter einzeln Geborenen. Gegen eine genetische Festlegung der Händigkeit spricht aber, daß bei eineiigen Zwillingen keineswegs beide häufiger linkshändig oder rechtshändig sind als bei zweieiigen Zwillingen.

absolutes Gehör, eine geniale Zeichenfertigkeit oder auch ein unglaubliches Raumorientierungsgedächtnis sind aber der *rechten* Hirnhälfte zu verdanken.

1. Die organischen Auslöser

Neugeborene, deren Mütter während der ersten drei Schwangerschaftsmonate an Röteln erkrankten, werden zehnmal häufiger autistisch als Kinder, die von einer *Rötelnembryopathie* verschont blieben. Der Rötelnvirus, der oftmals Innenohrschädigung, Linsentrübung und Herzfehler verursacht, kann auch das Wachstum des Gehirns beeinträchtigen und psychomotorische Entwicklungsverzögerungen bewirken. Eine Schutzimpfung sollte allerdings während der Schwangerschaft auf jeden Fall vermieden werden.

Als hirnschädigende Auslöser einer autistischen Störung können sich außerdem auswirken:

- Erhöhter Blutzuckerspiegel (*Hyperglykämie*) der Mutter während der Schwangerschaft,
- Sauerstoffmangel im letzten Drittel der Schwangerschaft, während der Geburt oder kurz nach der Geburt,

- Geburtsverletzungen mit nachfolgenden Hirnblutungen oder Rißverletzungen der Hirnhäute,
- zu niedriger Blutzuckerspiegel (*Hypoglykämie*) und Gelbsucht (*Ikterus*) des Neugeborenen.

Innerhalb der ersten drei Lebensjahre sind mögliche Auslöser einer autistischen Störung:

a) Infektionskrankheiten, wenn sie das Zentralnervensystem befallen:
   - *Meningitis* (Entzündung der Hirn- und Rückenmarkhäute),
   - Gehirnhautentzündung als Begleiterscheinung von Masern, Röteln, Mumps oder Windpocken,
   - *Toxoplasmose* (Infektion mit einzelligen sporenbildenden Kleinlebewesen): Eine besondere Gefährdung besteht während der Schwangerschaft durch den Verzehr roher Eier, unzureichend gegarten Fleisches, durch den Umgang mit rohem Fleisch während der Zubereitung und durch den Umgang mit Katzen,

b) Impfschäden,

c) unfallbedingte Hirnverletzungen.

2. Die biochemischen Komponenten

Die erste Grundvoraussetzung für die Funktion des Gehirns ist ein ungeschädigter Aufbau der Zellverbände, vor allem des Nervengewebes. Wahrnehmungs- und Erkenntnisfähigkeit ist aber ebenso angewiesen auf chemische Lebensvorgänge des Organismus.

Mögliche Störungsursachen sind:

- Mangel an essentiellen (unverzichtbaren) Stoffen, die der Körper nicht selbst bilden kann. Das sind: Vitamine, Aminosäuren, Fettsäuren, Spurenelemente und Enzyme. Sehr einseitige Fehlernährung, überwiegende Dosenkost oder Alkoholkonsum führen beispielsweise zu einem Mangel an Vitamin B_6 (*Pyridoxin*).

Enzymopathie

Enzyme (griech.: in den Sauerteig) sind Wirkstoffe, die chemische Reaktionen beschleunigen. Dieser Begriff hat die früher gebräuchliche bedeutungsgleiche Bezeichnung »Ferment« (lat.: Sauerteig) abgelöst. Eine Enzymopathie (Erkrankung durch Störung der Enzymtätigkeit) ist die Folge eines Enzymmangels. Fehlen Enzyme, können Bestandteile der Nahrung teilweise nicht abgebaut werden. Sie sammeln sich an, werden giftig für den Organismus und beeinträchtigen die Entwicklung und Funktion des Gehirns. Von den 90 bekannten Enzymopathien führen mehr als die Hälfte zu Hirnschädigungen.

- Zu geringe oder zu heftige Antwort auf Kleinorganismen (Immunitätsstörung): Ein Mangel an Vitaminen und Spurenelementen vermindert die Aktivität des Immunsystems.
  Wenn zu wenige körpereigene Abwehrzellen (*T-Lymphozyten*) und zu viele oder zu wenige Helferzellen für die Regulation der Immunantwort gebildet werden, dann kann sich der Organismus nicht hinreichend gegen Viren und Umweltgifte wehren. Möglicherweise sind für den Rötelnautismus defekte Antikörper und unzureichende Reaktionen auf den Rötelnvirus verantwortlich.
- Verwertungs- und Abbaustörungen (*Enzymopathien*): Die häufigste unter den enzymbedingten Stoffwechselstörungen (eine auf 10.000 Geburten) ist die *Phenylketonurie* (Ausscheidung von Phenylketonkörpern). Diese vererbte Enzymopathie kann auch Ausgangspunkt autistischer Störungen sein. Sie entsteht dadurch, daß die Aminosäure Phenylalanin nicht abgebaut werden kann, weil das dazu erforderliche Enzym fehlt.

- Ein weiterer vererbter Enzymdefekt mit einer Verwertungsstörung der (im Säuglingsalter unverzichtbaren) Aminosäure Histidin ist die *Histidinämie* (Ansammlung von Histidin im Blut und Gewebe), die Intelligenzminderung, Sprachentwicklungsstörung und Krampfanfälle bewirkt und ebenfalls Ursache autistischer Störungen sein kann.

Etwa 50 der (meistens vererbten) Enzymopathien sind bereits im Fruchtwasser feststellbar. Enzymbedingte Stoffwechselstörungen können aber auch durch Entzündungen, Vergiftungen oder Medikamente entstehen.

- Über- und Unterproduktion von Hormonen oder Nervenbotenstoffen (*Neurotransmitter*-Störung):
  Auf die eigentlich unverzichtbare Aminosäure Leuzin reagiert bei manchen Kindern die Bauchspeicheldrüse überempfindlich. Sie schüttet zu viel des blutzuckersenkenden Hormons Insulin aus. Die Folge sind Blutzuckermangelzustände (*Hypoglykämie*) mit hirnschädigenden Krampfanfällen.

Bei etwa 30 Prozent autistischer Kinder wurde ein erhöhter *Serotoninspiegel* nachgewiesen. Allerdings ist auch bei Kindern mit Hyperaktivität und Intelligenzminderung eine solche Abweichung festzustellen.

Serotonin

Serotonin ist ein Neurotransmitter (Nervenbotenstoff), der Erregungen zwischen Nervenzellen weiterleitet. Die Überträgersubstanz *Serotonin* wird im menschlichen Körper aus der essentiellen Aminosäure *Tryptophan* gebildet. Dies ist ein unverzichtbarer Eiweißbaustein, der dem Organismus mit der Nahrung zugeführt werden muß.

Dopamin

Dopamin ist ebenso wie Serotonin eine Überträgersubstanz. Es ist eine biochemische Vorstufe der im Nebennierenmark gebildeten Hormone *Adrenalin* und *Noradrenalin*, zu deren Aktivierung es auch beiträgt.

Eine erhöhte Aktivität des Botenstoffes *Dopamin* wurde sogar bei 50 Prozent autistischer Kinder (und auch bei einer Untergruppe schizophrener Erkrankungen) aufgespürt.

Die Schlafprobleme mancher autistischer Kinder könnten von dem Hormon *Melatonin* abhängen.

Ihre Neigung zu selbstverletzendem Verhalten, die verbreitete Schmerzunempfindlichkeit und ein vermindertes Kontaktbedürfnis könnten von Beta*endorphinen* beeinflußt sein. Dafür spricht auch, daß Endorphinblocker sich in verschiedenen Untersuchungen als wirksam gegen selbstverletzendes Verhalten und Panikausbrüche erwiesen haben.

– Über- und Unterempfindlichkeit von Empfangsorganen der Nervenzellen:
  Der Endorphinspiegel autistischer Personen ist – neuesten Untersuchungsergebnissen zufolge – überraschen-

Melatonin

Melatonin ist ein Zeittakthormon. Es ist am Schlafgeschehen beteiligt, indem es phasenregulierend die Schlafschwelle herabsetzt. Aufgebaut wird es in der *Epiphyse* (Zirbeldrüse) aus der Aminosäure Tryptophan, die auch Grundbaustein des Serotonins ist.

derweise nicht erhöht, sondern erniedrigt; weniger vermindert ist er allerdings bei denen, die sich selbst verletzen.

Aus der positiven Wirkung geringer Dosierungen eines Endorphinblockers läßt sich deshalb eine Überempfindlichkeit der Endorphinrezeptoren schließen. In Fachkreisen wird diskutiert, ob die Einwirkung einer geburtserleichternden Voll- oder Lokalbetäubung, der Geburtsschmerz des Neugeborenen oder Sauerstoffmangel die Rezeptoren für Dopamin und Betaendorphin (vor allem bei einer selbstverletzungsgefährdeten autistischen Untergruppe) dauerhaft verändert haben.

Endorphine

In der Hirnanhangsdrüse (*Hypophyse*) werden opiatartige Stoffe produziert. Sie heißen an ihre Herkunft angelehnt: Endorphine. *Endogene* (im Körper entstandene) Morphine können als Nervenbotenstoff, als Regulierungsstoff oder als Hormon wirken. Sie steuern auch den Antrieb und das Verhalten.

3. Die Frage genetischer Beteiligung

Zwillingsuntersuchungen aus Europa und aus den USA zeigen, daß ein eineiiges autistisches Zwillingskind mit sehr viel größerer Wahrscheinlichkeit ein autistisches Zwillingsgeschwister hat als ein zweieiiges autistisches Zwillingskind.

Daraus läßt sich ein genetischer Ursachenfaktor folgern. Dieser wird auch daran ersichtlich, daß die Enzymdefekte erblich sind, die autistischen Störungen zugrunde liegen können.

Da aber nicht alle eineiigen autistischen Zwillingskin-

Autistische Störungen bei Zwillingen		
	eineiige Zwillingspaare	*zweieiige Zwillingspaare*
	beide Geschwister autistisch	
Europa	14 von 22 63,6%	0 von 20 0%
USA	22 von 23 95,65%	4 von 17 23,5%

der ein autistisches Zwillingsgeschwister haben, wäre die verallgemeinerte Annahme einer genetischen Verursachung des Autismus ein Fehlschluß. Gegen eine grundsätzlich genetische Ursache sprechen auch die vielen Kinder, bei denen erst im Laufe ihrer ersten 30 Lebensmonate eine autistische Störung auftrat. Manchmal ist ein äußerer Einfluß oder auch ein »Entwicklungsknick« deut-

Fragiles X-Chromosom

Chromosomen sind fadenförmige Gebilde im Kern jeder Zelle, auf denen die aus DNS bestehenden Gene (Erbanlagen) aufgereiht sind. Die Kombination von X- oder Y-Chromosom des Vaters mit einem X-Chromosom der Mutter entscheidet bei der Befruchtung über das Geschlecht eines Kindes (Mädchen XX, Jungen XY). Befindet sich auf einem X-Chromosom eine brüchige (fragile) Stelle oder eine sonstige *Anomalie* (Abweichung), so tritt eine Schädigung der Erbsubstanz ein. Während diese beim Mädchen durch das zweite, gesunde X-Chromosom kompensiert werden kann, kommt sie beim Jungen zum Ausbruch.

lich nachweisbar. Erst vor 15 Jahren wurde das *fragile X-Chromosom* als (zweithäufigste) Ursache für Intelligenzminderung bekannt.

Die Folgen eines brüchigen oder nicht voll entwickelten X-Chromosoms, die ausschließlich Jungen betreffen, bestehen in leichten bis schweren Intelligenzminderungen, in Aufmerksamkeitsstörungen sowie in einzelnen autismustypischen sozialen, motorischen und sprachlichen Auffälligkeiten.

Mit fünfzigprozentiger Wahrscheinlichkeit stellen sich bei einem Jungen diese Auffälligkeiten ein, wenn seine Mutter das brüchige X-Chromosom besitzt. Bei 16 Prozent der betroffenen Jungen entwickelt sich eine voll ausgeprägte Störung. Bei höchstens acht Prozent aller autistischen Jungen ist das fragile X-Chromosom ursächlich an der autistischen Störung beteiligt.

4. Die psychodynamischen Anteile

Der Hypothese einer ausschließlich psychischen Ursache autistischer Störungen stehen entgegen:

- die neuronalen und biochemischen Ursachenkomponenten,
- der unterscheidbare Entwicklungsverlauf eines emotionalen Mangelsyndroms,
- die achtbaren Persönlichkeitseigenschaften der Eltern autistischer Kinder,
- die in weit überwiegender Mehrzahl nichtautistischen Geschwister betroffener Kinder,
- die zufallsentsprechende Verteilung autistischer Kinder auf verschiedene Rangplätze innerhalb der Geschwisterreihe.

Autismus ist zwar keine *psychogene* (seelisch bedingte) Störung, die Beeinträchtigungen der Wahrnehmungsverarbeitung, wie sie autistische Störungen mit sich bringen, belasten jedoch ganz erheblich und unausweichlich die Entwicklung sozialer Beziehungen. Deshalb werden die Chancen der sozialen Eingliederung eines autistischen Kindes entscheidend von der individuellen *Psychodynamik* (Einwirkung psychischer Kräfte) mitbestimmt.

5. Die Wechselwirkungen

Der dänische Physiologe Niels Lassen entwickelte in Zusammenarbeit mit schwedischen und amerikanischen Kollegen ein Verfahren, mit dem die Hirndurchblutung in verschiedenen Regionen während körperlicher oder geistiger Aktivität gemessen werden kann. Mit Hilfe einer radioaktiven Form des Edelgases Xenon, das injiziert oder eingeatmet wird, zeigt eine Spezialkamera eindrucksvoll, wie psychische Funktionen bestimmte Gebiete des Gehirns anregen. Visuelle Reize lassen eine stärkere Durchblutung der Felder visueller Verarbeitung erkennen. Sprachreize erhöhen die Durchblutung in den Hörregionen. Während verbaler Anforderungen läßt sich eine geringe, aber eindeutige Durchblutungszunahme in der linken Gehirnhälfte nachweisen. Die Aufgabe, Bilder zu identifizieren, bewirkt dagegen eine Durchblutungszunahme der rechten Hemisphäre. Berührungsreize regen die Durchblutung in der (auf den Reiz bezogenen) jeweils gegenüberliegenden Gehirnhälfte an.

Der Nachweis dieser Zusammenhänge bestätigt, wie wichtig eine Aufnahme von Reizangeboten der Umwelt ist, um die (sauerstoff-, nährstoff- und informationsabhängige) Funktionsfähigkeit des Gehirns zu entwickeln und zu erhalten.

Die Verwertung emotionaler und geistiger Nahrung setzt allerdings psychische Aufnahmebereitschaft voraus. Und die wiederum kann psychodynamisch vermindert oder vergrößert werden. Autistische Kinder brauchen – den biochemischen Verhältnissen vergleichbare – zusätz-

Beziehungsbelastende
Wahrnehmungs-
verarbeitung

liche »essentielle Psycho-Enzyme«: störungsangepaßte psychische Entlastungs-, Orientierungs- und Motivationshilfen.

Die autistische Grundstörung besteht in neuronalen und/oder biochemischen Abweichungen, die zu beziehungsstörenden Wahrnehmungsbedingungen führen. Wenn dingliche und menschliche Objekte in der Vorstellung eines autistischen Kindes keine wirklichkeitsentsprechende Bedeutung bekommen, können normale Angebote einer Kontaktaufnahme nicht bedürfnisgerecht verarbeitet und genutzt werden. Offensichtlich werden sie manchmal sogar als bedrohlich mißverstanden. Reaktionen auf solche Miß-Verständnisse sind Rückzug und affektive Wutausbrüche. Jede Abwehrhandlung hat aber Wirkung und Rückwirkung im Beziehungsgefüge.

Eine gestörte Beziehung wirkt sich ihrerseits mehrfach entwicklungshemmend aus: Die Wahrnehmungsfunktionen eines autistischen Kindes können sich nicht weiterentwickeln, wenn die Informationsaufnahme abgewehrt wird. Außerdem kann Beziehungsstreß angstmindernden Zwangshandlungen den Weg ebnen und biochemische Vorgänge ungünstig beeinflussen. Die Auswirkungen einer Beziehungsstörung beeinträchtigen aber nicht nur die Verarbeitungsfunktionen und Entwicklungschancen, sondern auch die Aussichten auf eine bessere soziale Beziehung. In Wechselwirkung befinden sich:

- die neuronalen, biochemischen und psychischen Vorgänge im Organismus des autistischen Kindes,
- die neuronalen, biochemischen, psychischen Vorgänge und die Beziehungsdynamik.

Seit Jahren bestätigen Forschungsarbeiten die Ursachenvielfalt autistischer Störungen. Doch fällt es selbst der Fachwelt schwer, sich damit abzufinden, daß die tatsächlichen Gegebenheiten komplizierter sind, als man sie gerne hätte.

VI. Die Autismustherapie

Bei keinem autistischen Kind treffen zu irgendeinem Zeitpunkt seiner Entwicklung sämtliche bekannten Störungsmerkmale auf einmal zusammen. Die vielen verschiedenen Problemschwerpunkte ergeben sich aus den besonderen (schwer vergleichbaren) Ausgangsbedingungen jedes einzelnen Kindes. Deshalb sind hervorragende Einzelfallentwicklungen noch kein Beweis für die Überlegenheit eines Behandlungskonzepts gegenüber anderen Therapieansätzen, während ein positiver Behandlungsverlauf in jedem Fall die guten Ausgangsbedingungen eines Kindes beweist.

1. Die Therapieziele

Zahlreiche Forschungsarbeiten zur Wirksamkeit verschiedener Therapiemethoden (bei nichtautistischen psychischen Beeinträchtigungen) belegen, daß der Therapieerfolg untrennbar an die Person des Therapeuten geknüpft ist. Folglich erscheint gerade für den Behandlungserfolg autistischer Wahrnehmungs- und Beziehungsstörungen der Beziehungsfaktor noch sehr viel ausschlaggebender, als es selbst das sprichwörtlich berühmte »Zünglein an der Waage« sein kann.

Therapieziele werden bewußt oder unbewußt abgeleitet aus den Vorstellungen über den »Therapie-Erfolg«. Eine Autismusbehandlung ist aber nur dann von vertrauenswürdigem Erfolg gekrönt, wenn sie fördernd statt fordernd dazu beiträgt, Entwicklungsreserven aufzuspüren und einem betroffenen Patienten verfügbar zu machen.

Eine aus Sicht der sozialen Umwelt erfolgreich erscheinende Lern- und Anpassungszunahme, die als steile Lernkurve in der grafischen Darstellung imponiert, kann tatsächlich ein verführerischer Scheinerfolg und so ein schwerwiegender Mißerfolg sein. Damit ist zu rechnen, wenn Entwicklungsfortschritte (unbemerkt) auf Kosten der Lebensfreude des »behandelten« Kindes und zu Lasten der sozialen Beziehungen erzielt werden.

Die Aussichten auf eine erfolgreiche soziale Eingliederung werden (bei allen Menschen) weniger von Anpassungsdruck und Teilleistungen gefördert als von der Bereitschaft, am Leben in der Gemeinschaft teilzunehmen.

2. Früherkennung und Frühförderung

Als erste Auffälligkeit autistischer Entwicklungsstörungen wird am häufigsten eine verzögerte Sprachentwicklung bemerkt. Am zweithäufigsten erregt eine verminderte Reaktion auf andere Menschen Aufmerksamkeit, und als nächste ungewöhnliche Verhaltensweise werden Ruhelosigkeit und Hyperaktivität registriert. Sodann findet in der sozialen Umwelt Beachtung, wenn ein (autistisches) Kind nicht auf Ansprache reagiert und gehörlos erscheint. Und schließlich werden Beziehungsstörungen unübersehbar.

Eine klassifizierende Frühdiagnose, die einem autistischen Kind hauptsächlich das Ausmaß seiner Abweichung von der Norm bescheinigt, kann der Entwicklung wenig weiterhelfen. Die Hauptaufgabe einer Früherkennung besteht deshalb in der Klärung der förderdiagnostischen Fragen:

- Lassen sich Störungsursachen herausfinden?
- Welche Sekundärbelastungen hemmen die Entwicklung?
- Welche Ansatzpunkte ergeben sich für einen sozialen Zugang, für individuelle Therapie- und Förderangebote?

Der Intelligenzquotient (Intelligenzalter im Verhältnis zum Lebensalter) autistischer Kinder kann im ersten Jahr

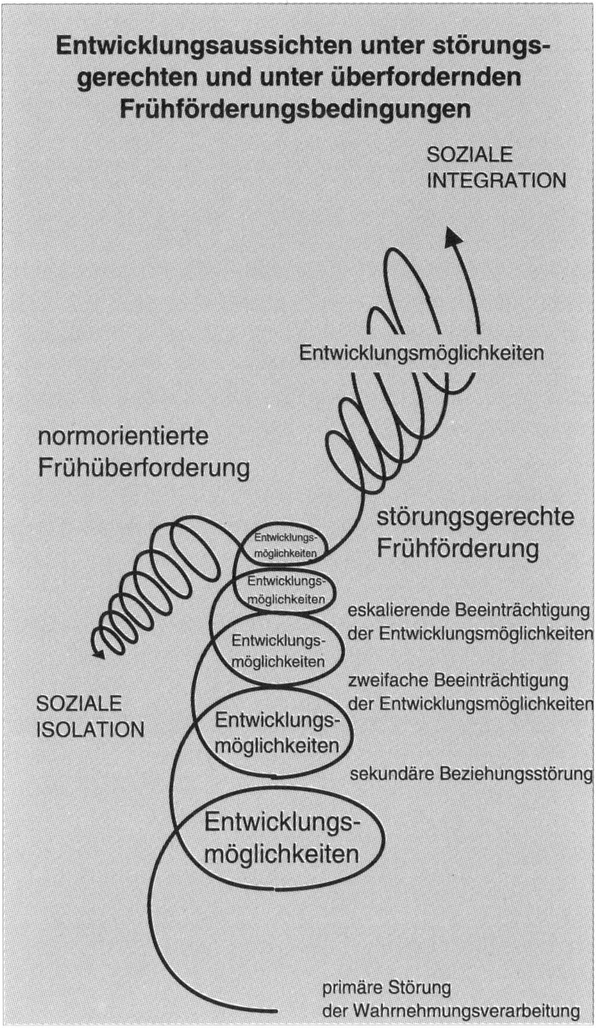

eines Vorschulprogramms um durchschnittlich 20 Punkte steigen. Dieser Nachweis wurde 1991 an der Universität des amerikanischen Staates New Jersey erbracht. Gleichaltrige, normal entwickelte Vorschulkinder, die an demselben Programm teilnahmen, erhielten bei den Testungen zwar – absolut gesehen – einen höheren Punktwert als die autistischen Kinder, das Verhältnis aus Intelligenzalter und Lebensalter dagegen blieb bei ihnen unverändert. Dieses Ergebnis ist einerseits ermutigend, birgt jedoch andererseits die Gefahr, als Ermunterung zu überhöhten Frühförderungserwartungen mißverstanden zu werden. Die Entwicklungsproblematik intelligent und »prinzenhaft« aussehender autistischer Kinder kann leicht unterschätzt werden. Störungsgerechte Frühförderung ist keinesfalls ein durch Professionalität legitimierter Versuch, in möglichst kurzer Zeit den Entwicklungsrückstand eines autistisch retardierten Kindes seiner Altersnorm anzunähern.

Früh beginnende normorientierte Förderungsbemühungen können dem Kind frühzeitig Gefühle von Unzulänglichkeit und Erfolglosigkeit vermitteln. Die wechselseitigen Erwartungen bleiben dann unerfüllt, das (hoffnungslos) überforderte Kind versucht, sich durch Rückzug oder aggressive Abwehr vor Überforderung zu schützen – ein ähnliches Symptom, wie es auch nicht autistisch gestörte Personen zeigen, wenn ihnen mehr abverlangt wird, als sie leisten können.

3. Die Behandlungsansätze

Behandlungsschwerpunkt	*Behandlungsmethode*
sensomotorisch körperwahrnehmungs-orientiert	Sensorische Integration Patterning Führen
lernpsychologisch symptomorientiert	Verhaltensorientierte Autismustherapie
tiefenpsychologisch beziehungsorientiert	Psychoanalytische Autismustherapie

ganzheitlich beziehungsorientiert	Differentielle Beziehungstherapie
lautsprachunabhängig kommunikationsorientiert	Gebärdensprachtherapie Tanztherapie Musiktherapie Therapeutisches Reiten Clown- und Tiertherapie
audiosensorisch hörwahrnehmungsorientiert	Audiovokales Training Kompensatorische Gehörschulung
konfliktpsychologisch anpassungsorientiert	Forced Holding
biochemisch körperorientiert	Diät Vitamin- und Mineralstofftherapie Medikation

Sensorische Integrationstherapie

Begründerin: A. Jean Ayres, amerikanische Psychologin und Beschäftigungstherapeutin.

Theoretische Grundlage: Das Konzept der sensorischen Integrationsbehandlung wurde für alle Kinder mit Lernschwierigkeiten entwickelt.

Jean Ayres, die selbst Zweifel daran hatte, ob ihr Therapieansatz autistischen Kindern wesentlich weiterhelfen könnte, vertritt die Auffassung:

1. Autismus ist zum Teil als Folge einer gestörten Verarbeitung von Sinnesreizen zu erklären. Einige Sinneseindrücke (wie Druck- und Geschmacksempfindung) werden zu schwach verarbeitet, andere Reizeinwirkungen (wie Berührungs- und Hörempfindung) können auf Überempfindlichkeit und Abwehr treffen. Im Zentralnervensystem autistischer Kinder kann kein Gleichge-

wicht zwischen erregenden und hemmenden Nervenimpulsen hergestellt werden.

2. Reizeindrücke, die über das Gleichgewichtsorgan, über Haut, Muskeln oder Gelenke aufgenommen werden, erreichen nicht das Bewußtsein. Da die Eigenwahrnehmung körperlicher Empfindungen beeinträchtigt ist, fehlen die Voraussetzungen für eine Ich-Entwicklung. Ein autistisches Kind kann sein »Ich-will-es-tun-System« im Gehirn nicht kontrollieren.
3. Therapeutische Hilfestellungen für eine bewußtere Aufnahme von mehr Sinneseindrücken verbessern sinnliche Wahrnehmungsverarbeitung, Anpassungsreaktionen und Verhalten.

Behandlungsmethode: Die das Wahrnehmungssystem überfordernden Reize werden dem Kind möglichst erspart oder in verarbeitbarer Dosierung angeboten. Sinnessysteme, die zu schwach empfangen, werden stimuliert, um Anpassungsreaktionen hervorzurufen. Die Anpassung ermöglicht eine Integration der wahrgenommenen Empfindungen in das Zentralnervensystem, falls das autistische Kind motiviert werden konnte, sich psychisch für das Reizangebot zu öffnen.

Zu den sinnvollen Empfehlungen an Eltern gehört: realistische Erwartungen zu entwickeln, emotionale Krisen vorauszusehen, auf Warnsignale der Überforderung zu achten, Strafe zu vermeiden, »das Gute« zu loben und »das Schlechte« nicht zu beachten.

Auswirkungen: Die sensorische Integrationstherapie bietet trotz einiger offener Fragen bezüglich ihrer theoretischen Grundlagen gute Aussichten, die vorhandenen Entwicklungsmöglichkeiten eines autistischen Kindes zur Entfaltung zu bringen. Voraussetzung für den Therapieerfolg ist, daß der jeweils behandelten autistischen Störung tatsächlich die Ursachen zugrunde liegen, von denen die Grundannahmen dieses Behandlungsansatzes ausgehen.

Patterning

Die Amerikaner Glenn Doman (Physiotherapeut) und Carl Delacato (Psychologe) haben ein Konzept der »Neurologischen Organisation« entwickelt, das auf ähnlichen Annahmen beruht wie die »Sensorische Integration«. Vermehrte Sinneseindrücke sollen die Funktionstüchtigkeit des Zentralnervensystems verbessern. Bewegungsfunktionen, die ein Kind nicht selbst ausführen kann, werden nach der Doman-Delacato-Methode gepatternt. *Patterning* (Musterentwicklung) bedeutet im Verständnis der Erfinder, »daß drei Erwachsene die koordinierten Bewegungen des Kriechens oder Krabbelns für ein Kind, sozusagen stellvertretend, ausführen«. Auf diese Weise sollen Körper und Gehirn Bewegungsmuster erlernen, die dem Kind sonst vorenthalten blieben. Die Erfolgsaussichten sollen mit Frequenz, Intensität und Dauer häuslicher (den Eltern auferlegter) Förderprogramme steigen. Gleichzeitig erhöht sich dadurch aber auch das Risiko der Überforderung und Beziehungsbelastung.

Führen

Begründerin: Félicie Affolter, Schweizer Pädagogin (Gehörlosensprachheillehrerin) und Psychologin.

Theoretische Grundlage: Sensibilisiert von ihrem Lehrer, dem eindrucksvoll beobachtenden Schweizer Entwicklungspsychologen Jean Piaget, leitet Félicie Affolter ihren Förderansatz aus sichtbaren Verhaltensweisen ab. Um wahrnehmungsgestörten Kindern gerecht werden zu können, erscheint es ihr vor allem wichtig, genau hinzuschauen, nach welchen Regeln nichtwahrnehmungsgestörte und wahrnehmungsgestörte Kinder jeweils »berühren«, »spüren« und »wirken«. Für wahrnehmungsgestörte Kinder scheint sich die Wirklichkeit in besonderer Weise darzustellen: sie berühren anders, sie spüren anders, sie wirken anders auf ihre Umwelt ein und kommen dementsprechend zu anderen Schlußfolgerungen und Erfahrungen. Der Förderansatz des Führens geht von den Voraussetzungen aus:

1. Verhaltensänderungen und Lernen sind auf Spürinformation angewiesen und erfolgen in Stufen.
2. Ohne therapeutische Unterstützung erhalten wahrnehmungsgestörte (also auch autistische) Kinder nur ungenügende Spürinformationen.
3. Gespürte Informationsvermittlung kann über das Führen verschiedener Teile des Körpers – auch bei Schwerstgeschädigten – erfolgen.

Behandlungsmethode: Überwiegend geführt wird im Rahmen »Problemlösender Alltagsgeschehnisse« im Haushalt. Das Leitmotiv lautet nicht Fürsorge«, sondern »Mitnehmen«, d. h., beim Führen sollte möglichst mit den Körperteilen des Kindes eine gewünschte Wirkung erzielt werden. Besonders oft bieten sich die Hände an, aber einbezogen werden auch der ganze Körper, der Mund, die Füße.

Auswirkungen: Félicie Affolters Therapieansatz kann das durch nichts zu ersetzende Verständnis dafür fördern, daß autistische Kinder nach ihren eigenen Regeln berühren, spüren, wirken, ordnen und Probleme lösen müssen. Unter der Voraussetzung sorgfältiger Kontrolle der Anforderungen kann – keinesfalls aufdrängendes! – Führen Erfolgserlebnisse ermöglichen, die das Sprungbrett für Selbstvertrauen und Entwicklungsfreude bilden. Der Erfolg des Führens wird – wie bei jedem Förderansatz – wesentlich von den Faktoren Zeit und Ruhe mitbestimmt. Deshalb kann es je nach Belastung einer Familie für ein autistisches Kind förderlicher sein, wenn sich die Förderungsbemühungen mehr auf die Entlastung der Familie (als auf das Führen) konzentrieren. Im stationären Rahmen ist noch daran zu arbeiten, den Mangel an »wirklichem Alltag« zu beheben; der durch Führen spürbar gemacht werden soll.

Verhaltensorientierte Autismustherapie

Begründer: Ivar Lovaas, amerikanischer Psychologe, hat als Pionier in den sechziger Jahren damit begonnen, verhaltenstherapeutische Methoden in der Behandlung »autistischer Verhaltensstörungen« einzusetzen, und ist der Verhaltensbehandlung bis heute treu geblieben.

Theoretische Grundlage: Ihren Ursprung hat die Verhaltenstherapie im amerikanischen *Behaviorismus* (Verhaltenslehre) der Jahrhundertwende. Die spektakulären Experimente seines Begründers J. B. Watson mit weißen Ratten und seinem erst elf Monate alten Sohn Albert, die den großen Einfluß äußerer Bedingungen auf menschliches Verhalten demonstrieren sollten, wurden weltweit bekannt. In behavioristischer Einschätzung erscheinen Menschen Ratten gleich: kontrollierbar und bedenkenlos manipulierbar.

Die nach dem Vorbild Watsons vor allem an Ratten und Tauben durchgeführten Studien der amerikanischen Lernpsychologen B. F. Skinner und E. L. Thorndike bestätigen insbesondere, daß ein bestimmtes erwünschtes Verhalten gefördert werden kann, wenn es durch eine angenehme Konsequenz belohnt wird, und daß andererseits ein unerwünschtes Verhalten bei negativer Sanktionierung (Ignorieren, Strafen) seltener auftritt.

Da lange Zeit vornehmlich die »Verhaltensstörungen« autistischer Kinder imponierten, konzentrierten sich nach amerikanischem Vorbild fast zwei Jahrzehnte lang viele verhaltenstherapeutische Blicke auf fehlendes und störendes Verhalten autistischer Kinder, in der fraglos gut gemeinten Absicht, ihre Defizite aufzufüllen und ihre soziale Anpassung zu verbessern. Die von Ivar Lovaas auf autistische Störungen adaptierte Verhaltenstherapie geht von den Grundannahmen aus:

1. Autismus ist keine Beziehungsstörung, sondern eine Störung der Perzeption (Wahrnehmung) und Kognition (Wahrnehmungsverarbeitung).
2. Man muß die Ursachen des Autismus nicht kennen, um die Störung behandeln zu können. Behandlungserfolg besteht im Aufbau wünschenswerten und im Abbau störenden Verhaltens.
3. Auch Nichtfachleute können die Prinzipien der Belohnung und Bestrafung erlernen und anwenden. Die Wirksamkeit der Behandlung ist meßbar.

Behandlungsmethode: Eine ausführliche Verhaltensbeobachtung liefert die Ausgangsdaten konkreter Therapieziele. Das Zielverhalten wird in kleine Einzelschritte zergliedert. Die dann folgende Anwendung der Prinzipien des »operanten Konditionierens« bedeutet, daß jeweils »richtige« (dem Zielverhalten angenäherte) Reaktionen des Kindes ein *Reinforcement* (eine Belohnung) erfahren und »falsche« Reaktionen bestraft oder durch Nichtbeachtung »gelöscht« werden. Da die Tätigkeitsziele eines autistischen Kindes im allgemeinen nicht mit den Veränderungszielen seines Therapeuten übereinstimmen, sind *Promptings* (Hilfestellungen) erforderlich, die gemeinsam mit den Belohnungen ein *Shaping* (Verhaltensforschung in kleinen Schritten) ansteuern. Von der Annahme ausgehend, wortreiche Kommunikation könne autistische Kinder überfordern und verwirren, werden knappe Anweisungen bevorzugt.

Die durch Shaping aufgebauten einzelnen Verhaltensweisen lassen sich zu Verhaltensketten verbinden. So bald wie möglich wird mit dem *Fading* (Ausschleichen) der Hilfestellungen begonnen.

Mit verhaltenstherapeutischen Methoden allein schwer zu lösen ist das Problem der *Generalisierung* (Übertragen des Gelernten auf Situationen außerhalb der kontrollierenden Therapiesituation).

Wenn beispielsweise nicht vorrangig die Freude an sprachlichen Äußerungen angeregt, sondern nur das Sprechen selbst belohnt wird, dann bleiben sprachliche Äußerungen auf das Notwendigste, also auf therapeutische Sitzungen, beschränkt.

Auswirkungen: Die anfänglich euphorischen Erwartungen, die sich an (zuweilen ganztägige) verhaltenstherapeutische Trainingsprogramme knüpften, wurden in der Bundesrepublik und überwiegend in Europa von einer realistischen und beziehungsförderlichen Einschätzung abgelöst.

Allzu häufig entstand eine erschreckende Kluft zwischen partiellem Lernerfolg und Lebenserfolg. In den USA und in Australien ist dagegen noch immer eine anpassungs- und leistungsorientierte Verhaltensmodifikation weit verbreitet. Schließlich steht in New York die Wiege des *Forced Holding*, das die schon im Zusammenhang mit der Verhaltenstherapie geführte Diskussion der »autoritären Manipulation« wiederbelebte. Vielerorts hat aber die heute praktizierte Verhaltensbehandlung ihren Ruf als Methode der Rattenideologie (die aus autistischen Kindern angepaßte Roboter macht) überholt. Sie ist offener geworden für das Wissen über Ursachenzusammenhänge, Bewertungen und Beziehungen.

Eine ganz isolierte Anwendung lerntheoretischer Erkenntnisse fördert Aggressionen, wenn Lernfortschritte und »unauffälliges« Verhalten für wichtiger gehalten werden als die wirkliche Beziehungs- und Lebensfreude des Kindes.

Psychoanalytische Autismustherapie

Begründer: Margaret S. Mahler, amerikanische Psychoanalytikerin; Bruno Bettelheim, in Wien geboren, ab 1939 in Chicago tätiger Psychoanalytiker. Nach seinem Tode im Jahre 1990 erfuhr die Öffentlichkeit, daß Bettelheim zu seinen Lebzeiten zu Unrecht glorifiziert worden war. Wenn er selbst auch dem hohen Anspruch, sich jederzeit verständnisvoll auf die Bedürfnisse schwieriger Persönlichkeiten einzustellen, leider durchaus nicht immer gerecht werden konnte, so verliert seine Botschaft, daß autistische Kinder besonders viel Verständnis brauchen, deshalb nicht an Gültigkeit.

Theoretische Grundlage: Bruno Bettelheim schließt zwar eine pränatale Entwicklungsstörung als einen mitwirkenden Ursachenfaktor nicht aus, hält Autismus aber für eine weitgehend emotionale Störung, die zu beheben wäre, sofern die (psychoanalytische) Behandlung rechtzeitig und konsequent erfolgte.

Bestätigt sieht er seine Auffassung durch die entwicklungspsychologischen Untersuchungen von René A. Spitz, die den Nachweis erbrachten, daß Mangel an mütterlicher Zuwendung und Stimulierung die emotionale und intellektuelle Kindesentwicklung folgenschwer beeinträchtigt. Forschungsbefunde zur Hirnfunktionsproblematik autistischer Kinder, die Bettelheims verallgemeinernde Theorie des Gefühlstraumas widerlegten, ließen ihn unbeeindruckt.

Realitätsbezogener, weniger fixiert auf eine einseitige Ursachenerklärung, stellt sich die autistische Beziehungsproblematik für Margaret Mahler dar. Ihr psychoanalytisches Behandlungskonzept ergibt sich aus den Grundsätzen:

1. Kinder durchlaufen grundsätzlich drei Entwicklungsphasen: eine normale autistische, eine symbiotische

Symbiotische Phase

Ursprünglich wurde mit dem Begriff der *Symbiose* das unterstützende Zusammenleben zweier Tier- oder Pflanzenarten benannt. Im psychoanalytischen Sprachgebrauch jedoch bezeichnet die symbiotische Phase der Kindesentwicklung das frühe Stadium der Mutter-Kind-Einheit, die sogenannte Fusion (Verschmelzung) mit der Mutter. In der symbiotischen Phase kann das »Ich« des Kindes noch nicht vom »Nicht-Ich« unterscheiden.

und eine Phase der Ablösung und Individuation. Frühkindlicher Autismus ist eine Fixierung an die erste normale autistische Phase außerhalb des Mutterleibes.

2. Der kindliche Organismus wird in einem frühen Reifungsstadium so erheblich beeinträchtigt, daß die Mutter vom Kind nicht als Helferin und Beschützerin wahrgenommen wird und keine angstabwehrende Mutter-Kind-Symbiose entsteht. Menschengemäße Entwicklung kann aber nur stattfinden, wenn die *symbiotische Phase* durchlebt wird.
3. Autismus hat eine Funktion als Mechanismus, der dazu dient, sich vor den Reizen einer vielfältigen lebendigen Welt abzuschirmen und vor den Forderungen nach sozialen Gefühlsreaktionen zu schützen. Psychoanalytische Behandlung hilft Körpergefühl zu vermitteln, Objektbeziehungen herzustellen und Ich-Funktionen zu verstärken.

Behandlungsmethode: Vorrangig zielen die Bemühungen der Beziehungsanbahnung darauf ab, »dem Kind eine korrigierende symbiotische Erfahrung zu verschaffen«. Der Therapeut bietet sich als symbiotischer Partner an und versucht, zur Mutterersatzfigur zu werden. Reagiert das autistische Kind abwehrend auf direkte menschliche

Kontaktangebote, so besteht die therapeutische Aufgabe darin, es aus seiner autistischen Abkapselung »mit allen erdenklichen Mitteln« herauszulocken. Solche Lockmittel sind beispielsweise Seifenblasen, Musik, Spiele mit Wasser, rhythmische Betätigung und lustvolle Stimulierung der Sinnesorgane.

Um dem autistischen Kind in der zweiten Behandlungsphase zu ermöglichen, verfehlte oder unzureichende Entwicklungsphasen zu durchleben, hat der Therapeut eine Ersatzfunktion zu erfüllen, indem er besonders beim Durcharbeiten früherer Entwicklungsphasen ein »Hilfs-Ich« zur Verfügung stellt.

Die therapeutische Aufgabe besteht aber nicht nur in Gewährenlassen und in Hilfsangeboten beim Durchleben und Verstehen traumatischer Erfahrungen, sondern auch darin, Reizschranken zu setzen, um das Kind vor Überflutung durch innere oder äußere Reize zu schützen. Das geschieht vor allem durch Konzentration auf gemeinsame Aktionen und durch ausreichende Ruhepausen während der Behandlung. Obgleich der Behandlungsschwerpunkt in der Bearbeitung emotionaler Schwierigkeiten liegt, werden (im Gegensatz zum psychoanalytischen Vorgehen bei neurotischen Störungen) zunächst die kognitiven Funktionen angesprochen. Auf diese Weise wird ein erstes emotionales Gleichgewicht über den indirekten Weg intellektueller und auf Gewohnheiten beruhender Kontrolle hergestellt.

Trotz weitgehender Übereinstimmung hinsichtlich der Behandlungsmethode schätzen Margaret Mahler und Bruno Bettelheim die Zusammenarbeit mit den Müttern autistischer Kinder sehr unterschiedlich ein. B. Bettelheim hält die (Wieder-)Herstellung einer symbiotischen Beziehung zwischen Mutter und Kind für aussichtslos. Deshalb sieht er in einer Trennung von der Mutter und in einer stationären Therapie die einzige zweckmäßige Behandlungsform. Dagegen hält M. Mahler die Einbeziehung der Mutter (in zwei- bis dreistündigen Sitzungen) für unverzichtbar und empfiehlt das »Modell einer therapeutischen Dreiergruppe«.

Auswirkungen: Je mehr die Beziehungsbelastungen innerhalb einer autistischen Gesamtstörung zu einer Kernproblematik geworden sind, desto ursächlicher und aussichtsreicher können psychoanalytische Therapievorstellungen sinnvoll genutzt werden. Eine bisweilen exclusive (wörtl. ausschließende!) Wortwahl und die beliebte Gewißheit, mit der aus subjektiven Einzelbeobachtungen abgeleitete Deutungen verallgemeinert werden, machen es Skeptikern allerdings schwer, sich für eine Reihe vernünftiger und verständnisfördernder Gedankengänge der Psychoanalyse zu öffnen.

Differentielle Beziehungstherapie

Begründer: Hartmut R. P. Janetzke, Hamburger Psychologe.

Theoretische Grundlage: *Differentielle* (unterscheidende, individuelle Besonderheiten berücksichtigende) und vorrangig beziehungsfördernde Therapie ist ein ganzheitlicher Behandlungsansatz. Einsichten aus Entwicklungs-, Tiefen- und Neuropsychologie sowie Kommunikations-, Lern- und Handlungstheorie begründen die Annahmen:

1. Autismus ist eine Folge unterscheidender, bewertender und erfahrungsverwertender Verarbeitungsschwächen des Zentralnervensystems. Verschiedene Ursachen können zu dieser Störung der Wahrnehmungsverarbeitung beitragen, die selbst wiederum Ursache einer Kommunikations- und Beziehungsstörung ist. Der Königsweg zur gezielten Einwirkung auf das vielseitig verflochtene Ursachen- und Wechselwirkungsgeschehen führt über flexible Behandlungsschwerpunkte.

2. Emotionale, geistige und sprachliche Fähigkeiten entwickeln sich aus beziehungsabhängigen Austausch- und Lernprozessen. Auch bei Kindern mit nicht gestörten Wahrnehmungsfunktionen tritt ohne kommunikative Beziehungsgrundlage ein Stillstand in der Gesamtentwicklung ein. Folglich sind autistische Kinder ganz besonders auf die Entwicklungsvoraussetzungen einer sozial-kommunikativen Grundlage angewiesen.
3. *Kompensierende* (ausgleichende) therapeutische Beziehungsangebote können menschenbezogene Überforderungen der autistischen Wahrnehmungsverarbeitung auffangen. Voraussetzungen sind: die Familie durch therapieergänzende Betreuung zu entlasten, die Sensibilität für eigene Signale wie für mimische Reaktionen des Kindes zu verfeinern, Abwehr und Rückzug als wichtige Rückmeldungen zu verstehen und zu nutzen.

Behandlungsmethode: Um die Entwicklungsmöglichkeiten eines autistischen Kindes aufzuspüren und dem Kind verfügbar zu machen, wird zunächst ein Austausch mit der sozialen Umwelt in Gang gesetzt. Begegnungen mit dem Therapeuten sollen in den ersten Therapiewochen die entwicklungsgrundlegende Erfahrung vermitteln: Es macht (wider Erwarten) mehr Spaß, sich mit einem Menschen zu beschäftigen als mit Wasserhahn, Lichtschalter oder Kalenderdaten. Dies wird ermöglicht, indem der Therapeut oder die Therapeutin sich gegenstandstypische Eindeutigkeitseigenschaften aneignen. Indem sie sich als »gut funktionierendes Objekt« anbieten oder als unentbehrliches Element in (stereotype) Beschäftigungen eingliedern, können sie dann behutsam und schrittweise neue Handlungselemente in die gemeinsamen Beschäftigungen einbeziehen. Beginnt ein Kind sich allmählich von Gegenstandsbindungen zu lösen, weil es in (zunächst therapeutischen) sozialen Beziehungen mehr Befriedigung findet, entscheiden individuelle Besonderheiten über die weiteren methodenübergreifenden Behandlungsziele.

Haben die anfänglichen Zugeständnisse gegenüber dem Kind und die Zusammenarbeit mit der Familie eine belastbare Beziehungsbasis geschaffen, wird dem autistischen Kind Gelegenheit gegeben, so viele Kenntnisse und Fähigkeiten zu erwerben, wie es verarbeiten kann. Dazu gehört beispielsweise die Entwicklung der Selbständigkeit. Aber auch Anpassungsbereitschaft, als wichtige Voraussetzung sozialer Eingliederung, wird gefördert, weil sonst die zunächst unerläßliche Sonderrolle zu sehr kultiviert würde. Anpassungsbereitschaft, die schneller wachsen kann als das Verständnis für soziale Regeln, setzt aber voraus, daß sich das Kind mit seiner Anpassungsleistung eine befriedigende Beziehung erhalten möchte.

Auswirkungen: Wenn auch nicht zu erwarten ist, daß alle Kinder, Jugendlichen und Erwachsenen, die nach den Grundsätzen der Differentiellen Beziehungstherapie gefördert werden, gleich große Entwicklungsfortschritte machen, so ist zumindest die Erwartung erfüllbar, daß sich alle Kinder (nach unterschiedlicher Behandlungszeit) gleich gern bei der Entfaltung ihrer persönlichen Entwicklungsmöglichkeiten unterstützen lassen. Die Erfolgsaussichten für Jugendliche und Erwachsene dagegen sind sehr unterschiedlich und pauschal als weniger günstig einzuschätzen.

Gebärdensprachtherapie

Begründer: Der französische Priester Abbé Charles Michel de l'Epée gründete um 1770 die erste Gehörlosenschule der Welt. Muttersprache der Schüler war die Gebärdensprache. In den USA, in England und in Schweden besitzt das mittlerweile hochentwickelte Gebärdensprachsystem hohes Ansehen und ist neben dem oralen System als gleichwertige Minderheitensprache anerkannt. Die deutsche Psychologin Vera Bernard-Opitz hat aus den in der Bundesrepublik und international gebräuchlichen Gebärden ein vereinfachtes Handzeichensystem (mit 360 Zeichen) abgeleitet, das auch autistische Kinder mit eingeschränktem Sprachverständnis erlernen können.

Theoretische Grundlage: Etwa 50 Prozent der autistischen Menschen erlernen keine Vokalsprache. Die Gründe dafür bleiben meistens ungeklärt. Viele der Schweigenden lassen aber Sprachverständnis und Nachahmungsfähigkeiten erkennen. Diese Voraussetzungen begründen folgende Annahmen:

1. Verständigung ist wichtiger als Sprache. Deshalb bildet Handzeichenkommunikation eine vollwertige Alternative zum verbalen Gespräch.
2. Gebärden sind motorisch einfacher zu erlernen als vokale Sprachäußerungen. Die Bildhaftigkeit der Handzeichen erleichtert das Verständnis. Bewegungsabläufe sind unproblematischer durch therapeutische Hilfestellungen zu unterstützen als die Mundmotorik.
3. Lernt ein nicht sprechendes autistisches Kind, sich in der Gebärdensprache zu mitzuteilen, so verbessern sich die Voraussetzungen, um auch verbale Möglichkeiten auszuschöpfen.

Behandlungsmethode: Begonnen wird mit der Arbeit gegen die Vorurteile der sozialen Umwelt, die z. B. lauten: »Wir verstehen ihn/sie auch so«, »dann will er/sie noch mehr«, oder »dann verstehen andere ihn/sie nicht«.

Die Gebärden, welche die größte Bedeutung für ein autistisches Kind haben, werden natürlich am schnellsten gelernt und deshalb als erste angeboten. Um die Nachahmungsbereitschaft zu fördern, bezieht man Lieblingsbeschäftigungen oder die gefragtesten Spielzeuge des Kindes (Jugendlichen oder Erwachsenen) in die Übungen mit ein. Der Erwerb einer Gebärdensprache ist an keine bestimmte Vermittlungsmethode gebunden. Wichtig bleibt, vor allem in der Anfangsphase dieser Sprachförderung, die Erfahrung zu vermitteln: Wünsche lassen sich in Gebärden ausdrücken. Es sind Menschen, die sie verstehen und erfüllen.

Auswirkungen: Die weitverbreitete Annahme, früh gelernte Gebärdensprache blockiere den Weg zur Lautsprache, ist nicht gerechtfertigt. Verschiedene Untersuchungen bestätigen, daß mit dem Erwerb von Handzeichen auch vokale Lautäußerungen zunehmen. Zugleich ist zu erwarten, daß mit der Chance, Bedürfnisse und Gefühle auszudrücken und verständlich zu machen, aggressive Handlungen seltener werden.

Falls trotz Sprachverständnis und Anregung der Äußerungsbereitschaft motorische Hürden unüberwindbar sein sollten, kann sich statt Gebärden- oder Handschriftsprache eine *Facilitated Communication* (durch Berührungshilfestellung an Buchstabentabelle, Schreibmaschine oder Schreibcomputer erleichterte und gestützte Kommunikation) als Ausweg erweisen.

Tanztherapie

Begründerinnen: Janet Adler, amerikanische Psychologin und Tanztherapeutin; Beth Kalish-Weiss, amerikanische Psychologin und Tanztherapeutin; Elaine Siegel, Psychoanalytikerin und Tanztherapeutin, modifizierten die Tanztherapie für die Autismusbehandlung. Der Tanztherapieansatz, der sich in den vierziger Jahren in den USA aus europäischem Ausdruckstanz und amerikanischem »modern dance« entwickelte, wird dort seit Jahren als körperorientiertes Therapieverfahren anerkannt.

Theoretische Grundlage: Auch ein Kind, das sich autistisch zurückzieht, befindet sich in ständiger Wechselwirkung mit seiner sozialen Umwelt. Was es selbst tut, hat (absichtlich oder unabsichtlich) eine Wirkung auf andere. Was andere tun, wirkt auf das Kind – beispielsweise – distanzierend. Diese ganzheitliche Sichtweise prägt die Grundannahmen:

1. Autismus beinhaltet große Kommunikationsschwierigkeiten, aber auch Kommunikationsmöglichkeiten.
2. In der Art sich zu bewegen kommen die Entwicklungsstufe eines autistischen Kindes, seine vergangenen und gegenwärtigen Erfahrungen und seine Beziehungsschwierigkeiten zum Ausdruck.
3. Körperliche und psychische Vorgänge bilden eine funktionale Einheit, d. h., psychische Vorgänge beeinflussen körperliche Haltungen und Bewegungen. Bewirkt dagegen tanztherapeutischer Einfluß die körperliche Verhaltensänderung eines autistischen Kindes, finden zugleich psychische Veränderungen statt.

Behandlungsmethode: Die Behandlung, die besondere Sensibilität für nichtsprachliche Signale voraussetzt, versucht:

- mangelnde Sprach- und Ausdrucksfähigkeit über empathisches Erspüren von Bewegungen und Ritualen und deren *Spiegelung* durch den Therapeuten zu ersetzen;
- aus gemeinsamer, wiederholter Bewegung eine wortlose Kommunikation zu entwickeln und auf dem Wege behutsamer Variationen der Ausgangsbewegungen die Kommunikationsformen zu variieren und zu erweitern;
- die körperliche und psychische Beweglichkeit, die Kommunikations- und Lebensfreude und das oftmals sehr eingeengte Interessenspektrum zu vergrößern;
- die Atemarbeit als Basis für die Sprachanbahnung und

die Sprachförderung zu nutzen und aus gemeinsamen Atem- und Bewegungserfahrungen die Selbst- und Fremdwahrnehmung und das Gefühl von Identität zu unterstützen;

- Spannungen, (Ver-)Stimmungen und aggressive Gefühle in Bewegungen ausagieren zu lassen, durch den Ausdruck in Bewegungen bewußter zu machen und durch Bewegungsvariationen auf das Stimmungsgeschehen zurückzuwirken;
- gute Erfahrungen mit der Einfügung in den gemeinsamen Bezugsrahmen Musik und Bewegung zu vermitteln und so die Übernahme auch anderer sozialer Regeln vorzubereiten.

Auswirkungen: Die Kommunikationsmittel Musik und Bewegung bieten denkbar günstige Verständigungsmöglichkeiten, um gemeinsam mit musikalischen und beweglichen Kindern ihre Sprach- und Beziehungsprobleme zu bearbeiten, wenngleich mit dem »Tanz« zunächst eher Vergnügen und Freizeit als therapeutische Möglichkeiten assoziiert werden.

Musiktherapie

Begründer: Rolando O. Benenzon, argentinischer Kinderpsychiater und Musiktherapeut.

Theoretische Grundlage: Jahrelange Arbeit mit autistischen Kindern führten Benenzon zu diesen Grundannahmen:

1. Autistische Abkapselung ist eine pathologische (krankhafte) Verlängerung des vorgeburtlichen Seelenzustandes.
2. Folglich muß mit einem autistischen Kind, das Ängste vor der Außenwelt hat, wie mit einem noch Ungeborenen gearbeitet werden.

3. Um die »gläserne Hülle« zu durchdringen, sind Umweltsituationen und Reize zu schaffen, die dem autistischen Kind aus der Pränatalzeit vertraut erscheinen. In der dritten Grundannahme kommt der Versuch zum Ausdruck, das *ISO-Prinzip* auf die besondere Situation autistischer Kinder zu übertragen.

Behandlungsmethode: Die Behandlung erfolgt in drei Phasen. In der ersten, der sogenannten *regressiven* (rückschreitenden) Phase, wird das autistische Kind Klangformen ausgesetzt, die seinem rückentwickelten Zustand voll und ganz entsprechen.

Sobald wie möglich versucht der Therapeut, die zweite – *kommunikative* – Phase einzuleiten, indem er die in der ersten Phase geöffneten Kommunikationskanäle zu einer direkten Kontaktaufnahme nutzt.

In der dritten, der *integrativen* Phase, wird versucht, die zuvor entwickelte Kommunikationsbasis zu erweitern und den Kontakt des Kindes zu seiner Umwelt, vor allem zu seiner Familie, zu fördern.

ISO-Prinzip

In Phasen depressiver Verstimmung findet traurig klingende Musik Anklang beim Zuhörer, während er sich in einem »schnellen mentalen Tempo«, in einem erregten Seelenzustand, durch ein »Allegro« (heiter, bewegt, schnell) eher angesprochen fühlt. Von diesen Beobachtungen ausgehend, führte Rolando Benenzon das ISO-Prinzip (Gleichheits-Prinzip) als fundamentales Element in die Musiktherapie ein. Danach ist die anfängliche Anpassung des Tempos der in der therapeutisch eingesetzten Musik an das »mentale Tempo« des Empfängers Voraussetzung, daß ein Kommunikationskanal zum Therapeuten entstehen kann.

Therapeutisches Reiten

Der frühen Entdeckung der positiven Wirkung des Reitens durch den griechischen Arzt Hippokrates verhalf der Arzt Max Reichenbach seit Mitte der fünfziger Jahre mit dem »Reiten als Therapie« zum Durchbruch. Die Prägung des Begriffes *Hippotherapie* (Pferdtherapie) wird dem Arzt H. E. Kaeser zugeschrieben. »Hippotherapie« und »Heilpädagogisches Reiten« wirken kreislaufstabilisierend, stoffwechselstimulierend, regen die Eigenwahrnehmung an und sind deshalb besonders förderlich für antriebsgebremste und bewegungsarme Kinder. Die angstmindernde Wirkung eines Therapiepferdes (das nichts bemängelt und keinen Erwartungsdruck erzeugt) ist die Grundlage für den Erfolg der Maßnahmen.

Auswirkungen: Da Musikalität als eigenständiger Begabungsfaktor trotz sonstiger Hirnfunktionsstörungen gut erhalten sein kann, bietet sich Musiktherapie besonders zur Förderung erheblich retardierter (entwicklungsverzögerter) autistischer Kinder an, wenn auch hirnfunktionelle Sprachprobleme die Kommunikation sehr erschweren. Nichtsprachliche Förderung ist jedoch keine Alternative zur Förderung von Sprechen und Sprachverständnis, sondern eine aussichtsreiche Grundlage, um eingeschränkte sprachliche Möglichkeiten voll auszuschöpfen.

Clown- und Tiertherapie

Begründer: Der amerikanische Psychiater Howard Buten wurde als Clown »Buffo« und als Autismustherapeut in Amerika und Europa bekannt. Die amerikanische Psychologin Betsie Smith entdeckte die therapeutische Qualifikation von Delphinen als Co-Therapeuten.

Theoretische Basis und methodischer Schwerpunkt: Clowntherapie, Delphintherapie und vereinzelt in Frankreich durchgeführte Therapieversuche mit Rehen oder Eseln versuchen, Angst zu mindern und Kontakt zur belebten Umwelt herzustellen. Die eher intuitiv als theoretisch fundierten Behandlungsansätze zeigen in ihren unkonventionellen Bemühungen, Kontakt herzustellen, eine Gemeinsamkeit, die Beachtung verdient: Die Tiere und auch der Clown, dessen Sprache im Nachahmen der autistischen Körpersprache besteht, richten ebensowenig wie Gegenstände Erwartungen an autistische Kinder. Sie machen ihnen keine Angst und ermöglichen dadurch Neugier.

Auswirkungen: Die Förderungsbemühungen zielen weniger auf Veränderungen ab als darauf, Verständnis zu entwickeln, Kontakt und Kommunikation auf nichtsprachlicher Ebene herzustellen. Eine umfassende Entwicklungsförderung ist folglich nicht zu erwarten. Bereits die Minderung der Scheu vor nichtdinglichen Objekten ist als ein kleiner Erfolg – ohne Risiko – zu werten, denn die Kinder werden nicht zu neuen Erfahrungen gezwungen, sondern sie öffnen sich freiwillig. Auf jeden Fall beleben diese Förderversuche die richtungsweisende Frage, weshalb Menschen abschreckend auf autistische Kinder wirken, wenn Gegenstand, Clown und Tier eine geradezu magnetische Wirkung haben können.

Audiovokales Training

Begründer: Alfred A. Tomatis, französischer HNO-Arzt.

Theoretische Grundlage: Audiovokales Training basiert auf folgenden Grundannahmen:

1. Das Gehör eines Fötus nimmt im Alter von viereinhalb Monaten seine Tätigkeit auf und kann bereits in diesem Stadium (über die Knochenleitung der mütterlichen

Wirbelsäule, durch das Fruchtwasser gedämpft) die Stimme der Mutter aufnehmen.

2. Bleibt die organische Entwicklung des Gehörs in einem frühen Stadium der Entwicklung stehen oder spricht die Mutter in der zweiten Schwangerschaftshälfte mit einer »Stimme, in der Ablehnung oder Haßgefühle mitschwingen«, entsteht keine »Horchfunktion«, d. h. keine Bereitschaft zum Hinhören. Daraus ergeben sich Beeinträchtigungen für die nachgeburtliche Sprachentwicklung und die Fähigkeit, soziale Beziehungen einzugehen.
3. Schrittweises Anregen der Horchfunktion beseitigt nervenbedingte und psychische Störungen.

Behandlungsmethode: In vorbereitenden passiven Sitzungen werden dem Kind gefilterte Klangreize vom Tonband über einen Hörsimulator, ein aus Kopfhörer und Vibrator bestehendes »Elektronisches Ohr« vorgespielt. Vorzugsweise verwendet werden dazu Mozartmusik oder die hohen Frequenzen der Mutterstimme, so wie sie (der

Kompensatorische Gehörschulung

Eine ebenfalls noch fragwürdige, dem audiovokalen Training ähnlich erscheinende, aber auf anderen Annahmen beruhende Kopfhörermethode stammt von dem französischen Arzt Guy Bèrard. Er sieht in autistischem Rückzug die Reaktion auf eine Hörverzerrung, die durch Hörmängel und Lautheitsempfindungen charakterisiert ist. Eine *kompensatorische* (ausgleichende) Gehörschulung, die in Minderung der zu laut wahrgenommenen und in Verstärkung der zu schwach gehörten Frequenzen besteht, soll die Hörfähigkeit nach wenigen Hörtrainingsstunden normalisieren.

theoretischen Annahme entsprechend) bei einem Fötus durch das Fruchtwasser hindurch ankommt. Schrittweise erfolgt dann die Übertragung von gefilterten zu ungefilterten Tönen, entsprechend der (angenommenen) Veränderung des Hörens durch Fruchtwasser gegenüber dem Hören durch Luft.

In der darauffolgenden vorsprachlichen Phase werden dem Kind die hohen Frequenzanteile von Musik, Gesang und seine eigene Stimme über Kopfhörer und den (hinter der Ohrmuschel befestigten) Vibrator zugeführt. Falls eine sprachliche Phase erreicht wird, sind Stimm- und Sprechübungen (mit Hilfe von Mikrophon, Kopfhörer und Vibrator) vorgesehen.

Auswirkungen: Ganz unabhängig von der Nachweisbarkeit der theoretischen Annahmen ist es allerdings möglich, mit dem Horchtraining das Interesse an akustischen Reizen zu fördern.

Sofern ein Kind die technischen Hilfen freiwillig und gern annimmt, gibt es hierbei keine Probleme. Die Eltern von autistischen Kindern haben gleichermaßen sowohl über Mißerfolge als auch über Erfolge der Gehörschulung berichtet.

Forced Holding

Begründer: Martha G. Welch, amerikanische Kinderpsychiaterin in Zusammenarbeit mit Niko und Elisabeth A. Tinbergen, niederländisch-britische Verhaltensforscher.

Theoretische Grundlage: N. und E. Tinbergen vertreten die Auffassung, daß genetische Disposition und organische Grundlagen bei der Entstehung des Autismus zwar beteiligt sein können, sie favorisieren aber einen psychischen Ursprung. Der Behandlungsansatz des *Forced Holding* (des gewaltsamen Haltens) fußt auf den Grundannahmen:

1. Autistische Störungen sind im wesentlichen Störungen des emotionalen Gleichgewichts, die durch umwerfende Erlebnisse in früher Kindheit verursacht werden. Zu diesen Ursachen vertritt Martha Welch die problematische Theorie: »Die Mütter haben anscheinend vor Beginn der Behandlung keine normalen Instinkte gegenüber ihren autistischen Kindern. Sie sind nicht imstande, deren Bedürfnisse zu verstehen und diese normal zu befriedigen.«
2. Eine gezielte Veränderung der Umweltfaktoren kann das gestörte Gleichgewicht wieder herstellen. Ein autistisches Kind, das zu wenig mütterliche Zuwendung erlebt hat, braucht, mit den Worten Tinbergens »eine außerordentliche Dosis extrastarker mütterlicher Betreuung«, die »den Autismus an der Wurzel packt« und eine früher versäumte Mutterbindung nachholt.
3. Gewaltsames Halten erzwingt eine Lösung des kindlichen Distanz-Nähe-Konfliktes. Es ist auch dann wirksam, »wenn Mutter und Kind das Halten und Gehalten-Werden mit Heftigkeit ablehnen«.

Behandlungsmethode: Nicht der Therapeut, sondern die Mutter hält das Kind, während der amerikanische Psychologe R. W. Zaslow, der schon 15 Jahre vor den offiziellen Begründern Halte- und Besänftigungsbehandlungen durchgeführt hatte, das Halten durch den Therapeuten propagierte. Es muß täglich mindestens einmal und jedesmal mindestens eine Stunde gehalten werden. Martha Welch und Niko Tinbergen betonen, »daß die Mutter jedesmal das Kind unbedingt so lange an sich halten muß, bis der Widerstand des Kindes aufhört und es sich innig an die Mutter anschließt«. Es kann Stunden dauern, bis dieser Effekt eintritt – oder ausbleibt. Während das Kind sich sträubt, seine Mutter beißt oder ihr in den Schoß uriniert, muß die Mutter freundlich bleiben, darf aber bei besonderer Widerspenstigkeit auch ein wenig schelten.

Folgt die Mutter dem dritten Gebot (von sechs Geboten M. Welchs), dann »muß sie das Kind fest an sich drücken und versuchen, Blickkontakt herzustellen«.

Auswirkungen: Forced Holding ist keine umfassende Therapie. Das Ziel besteht darin, den Weg für zukünftiges Lernen freizumachen. Jeder Erfolg, von dem berichtet wird, läßt Fragen offen, zum Beispiel: Mit welcher Sensibilität und mit welcher Kreativität wurde vor dem Halten vergeblich versucht, sozialen Zugang zum Kind zu finden? Welcher Entwicklungsverlauf wäre auf freiwilliger Basis möglich gewesen?

Auch mit Mißerfolgen ist zu rechnen. Die Verfechter der Haltemethode verschweigen nicht, daß die Behandlung nicht nur erfolglos sein, sondern sogar trotz bester Absicht das Gegenteil bewirken kann. Die Distanz kann sich vergrößern, aggressive Gefühle und Handlungen können zunehmen. Dieses Risiko mag Entscheidungshilfe sein für den, der keine Bedenken dagegen entwickelt, einem Kind mit körperlicher Gewalt einen Therapieerfolg oder einen Therapiemißerfolg aufzuzwingen.

Die biochemischen Behandlungsansätze

Hinter frühkindlichem Autismus können sich biochemische oder neurochemische Abweichungen, aber auch andere Ursachen verbergen. Folglich kann nicht eine bestimmte Diät, Vitaminbehandlung oder Medikation grundsätzlich bei autistischen Störungen (ursächlich) wirksam sein. Sollte ein Laborbefund (der auch einmal falsch sein kann) Abweichungen sichtbar gemacht haben, wachsen die bisher noch seltenen Chancen einer ursächlichen Behandlung. Verdachtshinweise auf eine biochemische Störungsbeteiligung sind:

- ausgeprägte Stimmungsschwankungen »aus heiterem Himmel«,

– andauernde Schlafprobleme,
– zunehmende Unruhe- und Erregungszustände nach dem Verzehr bestimmter Nahrungsmittel.

Diät

Wenn eine phenylalaninarme Diät im Falle einer *Phenylketonurie* frühzeitig beginnt, hat der Enzymmangel keine Auswirkungen auf die geistigen Funktionen. Die erste Vorsorgeuntersuchung wird routinemäßig am 5. bis 6. Lebenstag eines Neugeborenen durchgeführt. Dazu genügen einige Tropfen Fersenblut. Falls sich eine Diät als notwendig erweist, sollte sie bei Jungen bis zum 10. Lebensjahr und bei Mädchen bis über die Pubertät hinaus fortgesetzt werden.

Eine Spezialdiät gegen autistische Störungen unbekannter Ursache gibt es zwar nicht, doch sollte die Ernährung (für die ganze Familie) möglichst wenig Konservendosenkost und gezuckertes Naschwerk (»Vitamin B-Räuber«) enthalten. 80 Prozent Basenbildner (Obst und schonend zubereitetes Gemüse) und nur 20 Prozent konzentrierte Eiweiß- und Kohlenhydratkost verhindern eine Übersäuerung des Körpers. Eine Ansammlung von unverbrauchten Rückständen, die zwar keinen Autismus verursacht, belastet jedoch bei jedem Menschen die körperlichen und geistigen Funktionen.

Falls die Aminosäure Leuzin die Bauchspeicheldrüse zu einer Überproduktion an Insulin anregt, sinkt der Blutzuckerspiegel zu weit ab. In welchem Umfang das kindliche Gehirn durch diese *Hypoglykämie* geschädigt wird, hängt davon ab, wann die Ursache der Störung erkannt wird. Werden bei einem Säugling oder Kleinkind Teilnahmslosigkeit, Erregbarkeit oder Wutausbrüche ohne äußeren Anlaß beobachtet, empfiehlt es sich sofort klären zu lassen, ob der Blutzuckerspiegel zu niedrig ist. Bei manchen Kindern kann er zum Beispiel nach dem Essen von Eiweißstoffen bedrohlich absinken, als Ursache kommt jedoch auch eine Verwertungsstörung von Fruchtzucker (Rohr-, Koch- und Rübenzucker oder Honig) in Frage. Wird der Verdacht erhärtet und der Nachweis eines Blutzuckermangels erbracht, so ist eine sofortige Beseitigung der Erscheinungen durch Traubenzucker (nicht Fruchtzucker) sinnvoll. Bestätigt eine eingehende Untersuchung die Leuzinempfindlichkeit, ist eine möglichst frühzeitige Behandlung wirksam: mit Hormonen der Nebennierenrinde und Hormonen, die die Nebennierenrinde anregen.

Vitamin- und Mineralstofftherapie

Verdachtshinweise auf einen Mangel an Vitamin B_6 (Pyridoxin) sind Hautabschuppung an Nase, Mund und Augen, Nervenentzündungen und Müdigkeit. Ein sehr hoher (aber ungeklärter) Vitamin B_6-Bedarf bei Neugeborenen macht sich in großer motorischer Unruhe, akustischer Überempfindlichkeit und lebensbedrohlichen Krampfanfällen des Gehirns bemerkbar. Diese Pyridoxinmangelkrämpfe sind nicht mit den üblichen erregungsmindernden Medikamenten beeinflußbar. Eine Dauerbehandlung mit Vitamin B_6 (zunächst 10–100 mg, später 4–10 mg tgl.) bewirkt sofortige Anfallsfreiheit. Wenn die richtige Behandlung zu spät einsetzt, wird das Gehirn erheblich geschädigt.

Der amerikanische Psychologe und Autismusforscher Bernhard Rimland vertritt die Auffassung, daß Vitamin B_6 auch später, unabhängig vom Lebensalter, günstige Auswirkungen auf den Stoffwechsel bei etwa 25 Prozent autistischer Kinder, Jugendlicher und Erwachsener haben kann. Weitere Forschungsarbeiten werden zeigen, ob diese Einschätzung realistisch ist. Die bisher ermittelten Untersuchungsergebnisse scheinen zumindest die Annahme zu rechtfertigen, daß Vitamin B_6 in Einzelfällen tatsächlich zur Minderung von Unruhe beitragen kann. Eine *Megavitamintherapie* mit Dosierungen, die das Tausendfache des üblichen Tagesbedarfs erreichen und sogar überschreiten, ist jedoch gesundheitsschädigend.

Ab 500 mg Pyridoxin pro Tag können bereits Sensibilitätsstörungen und motorische Lähmungserscheinungen auftreten. Normaler Vitamin B_6-Bedarf ist mühelos durch den Verzehr von Kartoffeln, Linsen, Nüssen, Avocados, Getreide, Fleisch und Bananen zu decken.

Zu der von Rimland empfohlenen B_6-Megavitamintherapie gehört die gleichzeitige Verabreichung von täglich 300 mg des Mineralstoffes Magnesium. Ein Kind, dessen Nieren gut arbeiten und das genug trinkt, müßte diese Dosis, die den normalen Tagesbedarf eines Erwachsenen deckt, verkraften können.

Das Bioelement Magnesium ist für die Funktion sehr vieler Enzyme unentbehrlich.

Deshalb ist eine ausreichende Aufnahme vor allem während der Monate der Schwangerschaft sehr wichtig. Überdosierungen und Nierenerkrankungen können Muskelschwäche, Lähmungen und Herzfunktionsstörungen bewirken.

Medikation

In den letzten Jahrzehnten waren viele Forschungsarbeiten darum bemüht, autismusspezifische neurochemische Abweichungen zu finden. Die meisten Übereinstimmungen ergaben sich hinsichtlich einer Überproduktion des Nervenbotenstoffes Serotonin.

Daraufhin erbrachten wissenschaftliche Untersuchungen Nachweise für die Wirksamkeit der Substanz *Fenfluramin*. Sie senkt den Serotoninspiegel in jedem Falle. Auch dann, wenn er vor der Fenfluramineinnahme normal oder zu niedrig war.

In der zweiten Hälfte der achtziger Jahre mehrten sich dann wissenschaftliche Untersuchungen, die zwar eine Minderung des Serotonins unter dem Einfluß des Fenfluramins bestätigten, zugleich jedoch vor der nutzlosen

Anwendung warnten, weil statt der früher berichteten positiven Aufmerksamkeits- und Verhaltensänderungen entweder gar keine Effekte oder vermehrte Unruhe und Schlaflosigkeit beobachtet worden waren. Nach dem neuesten (labilen) Stand wissenschaftlicher Erkenntnis kann Fenfluramin (Handelsname: Ponderax) sich günstig auf solche autistischen Störungen auswirken, die von einem erhöhten Dopaminspiegel begleitet sind. Der läßt sich vor einem Medikationsversuch durch eine Urinuntersuchung abklären.

Verschiedene Studien bestätigen die Wirksamkeit einer Substanz, welche die Rezeptoren für das körpereigene Endorphin blockiert.

Es handelt sich um den Wirkstoff *Naltrexon* (Handelsname: Nemexin).

Berichtet werden: Minderung von Hyperaktivität, Aggressivität, Selbstverletzung, Stereotypien und eine Zunahme der sozialen Zugänglichkeit.

Geringe und seltene Dosierungen scheinen wesentlich wirksamer zu sein als häufige und große. Eine Anwendung kann in erster Linie bei psychodynamisch nicht beeinflußbaren Selbstverletzungen in Frage kommen. Die Gefahr psychischer und körperlicher Abhängigkeit scheint nicht zu bestehen.

Betablocker sind Arzneimittel, die die Wirkung der Nervenbotenstoffe Adrenalin und Noradrenalin hemmen und damit auf Streß und Angst einwirken. Ihre Verabreichung ist in Erwägung zu ziehen, wenn sich trotz umfassender Bemühungen, den psychischen Streß für eine autistische Persönlichkeit gering zu halten, in Urin- und Blutuntersuchungen Hinweise für erhöhte Werte dieser Neurotransmitter zeigen sollten. Betablocker machen zwar nicht abhängig, belasten aber das menschliche Herz und Kreislaufsystem. Auszuschließen ist die Verwendung jedoch unter allen Umständen bei Asthma und Herzschwäche.

4. Die Kostenübernahme

Tiefgreifende autistische Entwicklungsstörungen können eine Teilnahme am Leben in der Gemeinschaft im Keime ersticken. Aufwendungen für die langwierigen therapeutischen Eingliederungsmaßnahmen, die neben medizinischer Versorgung erforderlich sind, werden deshalb auf der Grundlage des *Bundessozialhilfegesetzes* (BSHG) von den Landessozialämtern getragen. Die Kosten für Maßnahmen der Eingliederungshilfe werden übernommen, wenn:

1. die Voraussetzungen einer tiefgreifenden autistischen Entwicklungsstörung bereits vorliegen oder wenn eine entsprechende Bedrohung vorliegt,
2. die beantragte Therapie sinnvoll, notwendig und aussichtsreich ist,
3. die Therapeutinnen oder Therapeuten der antragstellenden Institution die erforderliche berufliche Qualifikation zur Durchführung der beantragten Eingliederungsmaßnahme besitzen.

So können zum Beispiel Tanztherapie und Musiktherapie bei manchen autistischen Sprach- und Beziehungsstörungen besonders geeignet erscheinen. Autistische Kinder, die eine an visuelle Wahrnehmung und Darstellung gebundene Neigung oder Begabung erkennen lassen, können (in Ausnahmefällen) mit einer fundierten Kunsttherapie aussichtsreich gefördert werden. Falls die entsprechenden Voraussetzungen erfüllt sind, kann der Träger der Sozialhilfe auch die Kosten für diese weniger an Sprache gebundenen Maßnahmen übernehmen.

Hippotherapie ist eine »krankengymnastische Behandlung auf neurophysiologischer Grundlage«, in der neben anderen Hilfsmitteln auch ein motivationsförderndes Pferd eingesetzt wird. Für die Finanzierung dieser Behandlung ist die Krankenkasse zuständig, wenn eine

Krankengymnastin oder ein Krankengymnast die Behandlung durchführen. Reittherapie, verstanden als »heilpädagogisches Reiten«, mit den Zielsetzungen, Ängste, Antriebs- und Kontaktstörungen zu behandeln, ist dagegen Eingliederungshilfe im Sinne des BSHG.

5. Entwicklungsverlauf und Prognose

Die Erfahrungen der letzten Jahrzehnte offenbaren, daß nur wenige autistische Kinder sich restlos von ihren frühen Entwicklungshemmnissen befreien können. Die statistische Häufigkeit, mit der ein bestimmter Entwicklungsstand erreicht wurde, besagt natürlich wenig über die individuellen Entwicklungsaussichten eines Kindes. Für den Entwicklungsverlauf entscheidend sind:

– der Zeitpunkt einer schädigenden Einwirkung: Je früher die Reifung des Zentralnervensystems unterbro-

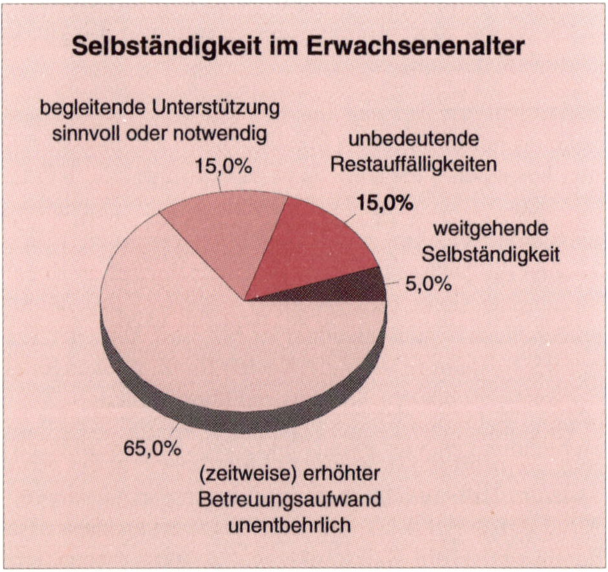

chen wird, desto schwerwiegender sind die Auswirkungen;
- das (oftmals nicht feststellbare) Ausmaß und die Art der Funktionsstörung;
- der frühzeitige oder verzögerte Behandlungsgsbeginn und der Umfang ursächlicher Behandlungseinwirkung. Wenn beispielsweise eine Hypoglykämie, eine Vitamin B_6-Abhängigkeit oder eine enzymbedingte Stoffwechselstörung rechtzeitig erkannt und behandelt wurden, bleiben die betroffenen Kinder von Hirnschäden verschont;
- die geistige Leistungsfähigkeit und die sprachlichen Fähigkeiten (als Hinweise neuronaler Unversehrtheit) im Alter von fünf bis sechs Jahren. Überraschend positive Entwicklungsverläufe sind aber auch bei Kindern möglich, die sehr spät oder gar nicht zu sprechen (sondern zu schreiben oder Gebärden zu benutzen) gelernt haben;
- das Überwiegen ausgleichender oder störungsaufschaukelnder Entwicklungsbedingungen.

Bei ungünstigen Voraussetzungen kann die autistische Rückzugstendenz auch im Erwachsenenalter noch erschreckend zunehmen. Weitaus häufiger ist allerdings ein ständig steigendes Interesse an Sozialkontakten. Es wächst aber auch die Fähigkeit, sich selbst und die eigene soziale Situation bewußter wahrzunehmen.

Da sich das Einfühlungsvermögen (eine wichtige Voraussetzung für Beziehungen) dagegen wenig weiterentwickelt, leiden viele Erwachsene mit einer autistischen Kindheitsgeschichte an einer unstillbaren Sehnsucht nach einer Partnerin oder einem Partner für gemeinsame Unternehmungen, Gesprächs- und Zärtlichkeitsaustausch.

VII. Die soziale Eingliederung

Das Gefühl jedes einzelnen Menschen, ein sinnerfülltes Leben in der Gemeinschaft zu führen, hängt ab von der Achtung seiner Persönlichkeit, von individueller Entfaltung und von einer seinen Fähigkeiten entsprechenden Betätigung. Kinder, Jugendliche und Erwachsene, deren Entwicklung unverschuldet schon frühzeitig tiefgreifend gestört wurde, sind deshalb ganz besonders auf störungsausgleichende soziale Rahmenbedingungen angewiesen.

1. Familie, Kindergarten und Schule

Die Folgen gestörter Reizverarbeitung können eine Familie nahezu unbeschreiblich stark belasten. Nur einige Beispiele sind: heftige Widerstände gegenüber Veränderungen, Wutausbrüche, oftmals ohne erkennbaren Anlaß, motorische Unruhe, spätes Einschlafen, frühes Erwachen, nächtelanges »aktionsreiches« Wachsein und, sofern Sprache entwickelt wurde, stundenlanges »nervenaufreibendes« Wiederholen der immer gleichen Fragen, Redewendungen, unrealistischen Forderungen – und das täglich, über Monate, über Jahre...

Diese und viele andere Dauerbelastungen der Eltern und Geschwister wirken sich zwangsläufig ungünstig auf die Entwicklungsbedingungen des autistischen Kindes aus. Sind nach jahrelanger Überbeanspruchung des Familiensystems die Eltern »am Ende« und suchen einen Wohnplatz für ihr jugendliches oder erwachsenes Kind, so bleiben ihnen die Türen verschlossen, wenn sie wahrheitsgetreu den Ausprägungsgrad der Schwierigkeiten offenlegen. Versuchen sie dagegen, die Problematik zu verharmlosen, erreicht sie in absehbarer Zeit ein Hilferuf aus der Wohneinrichtung. Denn was von den Eltern erwartet wird, nämlich dem Kind förderliche Entwicklungsbedingungen zu schaffen – ohne selbst krank zu werden – überfordert professionelle Wohneinrichtungen, wenn sie nicht mit qualifiziertem, zahlenmäßig angehobenem Personalaufwand auf das erhöhte Belastungsausmaß eingestellt sind.

Untersuchungsergebnisse brachten bei autistischen Kindern neuronale und biochemische Abweichungen zum Vorschein. Bei ihren Eltern waren keine Defizite der Persönlichkeit festzustellen, wohl aber Überlastungsanzeichen und (depressive) Schuldgefühle, die sich aus Unklarheit über die Ursache der kindlichen Schwierigkeiten entwickeln oder auch Auswirkungen der Grundannahmen des »Forced Holding« widerspiegeln können.

Belastungsauswirkungen auf die Geschwister bestehen in ausgeprägter Hilfsbereitschaft (bei 50 Prozent), in dem Gefühl der Vernachlässigung (bei 30 Prozent) und in emotionalen Störungen (bei 20 Prozent). Besonders gefährdet durch die alltäglichen Belastungen sind Geschwister mit einem geringen Altersabstand.

Erfolgreiche Eingliederungsbemühungen in soziale Einrichtungen wie Kindergarten und Schule erfordern außer fachlicher Qualifikation:

- menschliches Engagement, psychologisches Verständnis, Einfallsreichtum und Belastbarkeit;
- kleine Gruppen und einen personellen Betreuungs- und Unterrichtungsaufwand, der auch in Integrationsklassen nicht allein an Kinderzahlen, sondern an dem jeweiligen Ausmaß der Belastung zu bemessen ist;
- realistische Erwartungen im Hinblick auf Tempo und Ausmaß der Anpassungs- und Lernfortschritte.

2. Ausbildung, Arbeit und Freizeit

Unterschiedslos ist eine Teilnahme autistischer Jugendlicher und Erwachsener am Ausbildungs-, Arbeits- und Freizeitleben von großer Tragweite für ihre Persönlichkeitsentwicklung und Verselbständigung, aber auch für die psychische und finanzielle Entlastung der Familienangehörigen und der Allgemeinheit. Unter der (oftmals gegebenen) Voraussetzung einer Ausbildungs- und Arbeitsfähigkeit entscheiden über den Eingliederungserfolg in einem schützenden Rahmen wie auf dem allgemeinen Arbeitsmarkt:

- das pädagogische Geschick des Anleiters, ein störungsangepaßtes Zahlenverhältnis zwischen Anleiter und Auszubildenden und die zugestandene Einarbeitungszeit;
- falls die Eingliederung gefährdet erscheint, frühzeitige zusätzliche psychologische oder pädagogische Unterstützung innerhalb des Ausbildungs- oder Arbeitsrahmens;
- das Verständnis und die Offenheit der Ausbilder, Vorgesetzten und Kollegen für originelle Wahrnehmungs- und Verhaltensweisen.

Die Teilnahme am rehabilitativen und am allgemeinen Arbeitsleben scheitert häufig nicht an der Motivation und an der Leistungsfähigkeit der Betroffenen, sondern an der Überforderung und Überlastung unvorbereiteter Ausbilder, Arbeitgeber und Arbeitskollegen. Deshalb bekamen bisher nicht mehr als etwa fünf Prozent (geringfügig) autistisch gestörte Arbeitnehmer die Chance einer beruflichen Eingliederung auf dem freien Arbeitsmarkt.

Der größte Wunsch vieler Jugendlicher und Erwachsener mit autistischen Eigenheiten ist es, von gesellschaftsbezogenen Tätigkeiten nicht ausgegrenzt zu werden. Freizeit, verstanden als von der Arbeit freie Zeit, steht ihnen mehr zur Verfügung, als sie verkraften können. Ausbleibende Erfolgserlebnisse und der Ausschluß vom (Arbeits-)Leben in der Gemeinschaft begünstigen stereotype Ersatzbeschäftigungen, die sich manchmal bis zu selbstverletzenden Handlungen steigern können. Für sich allein gelassen, vermögen nur wenige Erwachsene mit autistischer Eingliederungsproblematik Freizeit sinnvoll zu gestalten. Sozialintegrative Freizeitmaßnahmen fördern das soziale Erwachsenwerden und entlasten die Familien, erweitern öffentliches Bewußtsein und Problemverständnis und erleichtern die Eingliederung in das Arbeitsleben.

3. Die Nachbarn und die Gesellschaft

Die menschliche Fähigkeit, Normabweichungen zu tolerieren, wächst mit der geistigen Entwicklung und hängt daher auch von Angeboten aufklärender Information ab. So scheint die Wahrnehmungsweise mancher Nachbarn eine Erinnerung daran zu benötigen, daß es einzig und allein Glück ist, nicht selbst autistisch zu sein – keinesfalls eine verdienstvolle Leistung.

Zusätzliche Belastungen für Familien mit autistischen Kindern entstehen, wenn in der Nachbarschaft oder in der Öffentlichkeit »ungezogenes Verhalten« als Zeichen elterlicher Erziehungsunfähigkeit mißdeutet wird. Andererseits waren es aber auch oft aufgeklärte Nachbarn, die als erste »autistische« Auffälligkeiten des Kindes von nebenan erkannten und so die entscheidende Anregung zu diagnostischer Klärung und anschließender Förderung geben konnten.

4. Die Verarbeitung in Kunst und Medien

Eine außergewöhnliche Aufklärungswelle brachte im Jahre 1989 der vierfach mit einem Oscar ausgezeichnete Kinofilm »Rain Man« ins Rollen. Wirklichkeitsnah demonstrieren Dustin Hoffman (als der autistisch gestörte Raymond Babbit) und Tom Cruise (als sein Bruder Charlie), wie anstrengend, aber auch wie spannend der unmittelbare Umgang mit dem Phänomen Autismus sein kann. Eine der wichtigsten Botschaften dieses Films liegt in der

Wahrnehmungsänderung des nichtautistischen Charlie: Mit zunehmendem Verständnis nimmt sein psychischer Streß ab, und es beginnt sich eine geschwisterliche Beziehung zu entwickeln.

Aufsehen erregte im Jahre 1991 in den USA, wenig später in der Bundesrepublik, der fesselnd geschriebene Erlebnisbericht »Dancing in the Rain« von Annabel Stehli, bei deren Tochter Georgie eine Hörverzerrung die Ursache des frühkindlichen Autismus gewesen sein soll. Nach einem zehntägigen kompensatorischen Hörtraining bewegte sich das Hörvermögen im Normalbereich. Dieser wie ein Wunder anmutende Heilerfolg, der die Ursachenvielfalt des Phänomens Autismus zu bestätigen scheint, ist geradezu eine Einladung an die Wissenschaft, es genauer zu erforschen.

Die Begegnung des deutschen Autoren Hartmut Gagelmann mit einem autistischen Jungen fand als das Buch »Kai lacht wieder« viel Resonanz und wurde in mehrere Sprachen übersetzt. Diese Begegnung regte den Gelsenkirchener Komponisten Michael Gees zu einer musikalischen Bearbeitung an: Das ge(e)stische Musiktheater »Kai – Begegnung mit einem Kind« erweckt seit 1992 mit zwölf Musikern und zwei Tänzern in amerikanisch-deutscher Besetzung viel Gefühl bei einem atemlos beteiligten Publikum.

Obgleich autistische Störungen sehr selten sind, übt die Autismusthematik offenbar eine ganz erstaunliche Anziehung auf Kunstschaffende und auch auf eine breite Öffentlichkeit aus.

Das verbreitete Interesse mag begründet sein in dem Reiz des Seltenen und in den faszinierenden grenzüberschreitenden Sonderbegabungen autistischer Personen, aber auch in einem Gespür dafür, daß einzelne ausgeprägte autistische Störungen in extremer Weise das veranschaulichen, was alle Menschen, im Sinne eines *kollektiven Autismus*, betrifft.

Kollektiver Autismus

»Die Menschheit wird das Ende des nächsten Jahrhunderts nicht erleben, es sei denn, jetzt werden entscheidende Maßnahmen ergriffen... «, diagnostizierte der ehemalige Bundeskanzler Helmut Schmidt im mexikanischen Queretaro eine Woche vor dem 92iger Umwelt-Gipfel in Rio de Janeiro. Nur die »weltfremde«, auf die eigenen Bedürfnisse fixierte Beteiligung sehr vieler Menschen daran, umweltentlastende Veränderungen zu verhindern, statt voranzutreiben, ermöglicht aber zum Beispiel die Belastungssummierung des Treibhauseffekts und der globalen Erwärmung. Die menschliche Neigung, wider besseres Wissen an selbstbezogenen Prioritäten festzuhalten, gilt zwar im statistischen Sinne als der Norm entsprechend, kann jedoch im Gesamtergebnis als allgemeine Realitätsbezugsstörung und damit als Symptom eines »kollektiven Autismus« verstanden werden.

5. Die Forschungsbemühungen

Seit der Entdeckung autistischer Störungen liegen die Schwerpunkte der Autismusforschung in der Suche nach auslösenden Ursachen. Der beständigen Weiterentwicklung chemoanalytischer Untersuchungsmethoden und bildgebender Meßverfahren (zur anschaulichen Demonstration funktioneller Vorgänge im Zentralnervensystem) ist es zu verdanken, daß

- Nachweise biochemischer und neuronaler Ursachen dem Mythos der Elternschuld ein entlastendes Ende setzten,
- Vorsorge manche Autismusformen verhindern und
- rechtzeitige Ursachenerkenntnis die Entwicklung einiger autistischer Störungsarten aufhalten kann.

Psychologische Untersuchungen, die sich mit den Wahrnehmungsbesonderheiten autistischer Kinder im Vergleich zu nichtautistischen Kindern befaßten, haben zu einer Verständnisgrundlage für störungsangemessene Therapie und soziale Eingliederung beigetragen. Den gegenwärtigen internationalen Forschungsstand spiegelt die zweite, 1991 herausgegebene internationale Autismus-Bibliographie des Psychiaters und Autismusforschers Hans E. Kehrer.

Trotz aller bisher geleisteten Forschungs- und Überlegungsarbeiten hat sich indes für viele autistische Kinder, Jugendliche und Erwachsene nur wenig an ihrer schwierigen Lebenssituation geändert, weil

- vorhandene Erkenntnisse (z. B. hinsichtlich der Ursachenvielfalt) therapeutisch nicht in vollem Umfang angewendet werden,
- störungsausgleichende soziale Rahmenbedingungen (vom Kindergarten bis zum Arbeitsplatz) bislang erst Ausnahme statt Regel sind,
- autismusbezogene Ursachen- und Therapieforschung aus finanziellen Gründen noch in den Kinderschuhen steckt.

Die in fachlichen Darstellungen beliebte, jedoch überflüssige Wortneuschöpfung »Autist« kann dazu verführen, die Wahrnehmung nur auf die Störungsphänomene auszurichten, verbindende menschliche Gemeinsamkeiten zu übersehen, und dadurch soziale Abspaltung vorbereiten und soziale Eingliederung erschweren.

VIII. Das Recht

Die Grundrechte autistischer Kinder, Jugendlicher und Erwachsener auf Achtung ihrer Persönlichkeit und auf freie Entfaltung erfahren ideelle und materielle Unterstützung vor allem durch das *Betreuungsgesetz* (BtG) und das *Bundessozialhilfegesetz* (BSHG).

Die Betreuerbestellung

Autistische wie nichtautistische Kinder und Jugendliche werden von ihren Eltern oder von ihrem Vormund betreut und gelten als nicht betreuungsbedürftig.

Eine Betreuerbestellung ist deshalb grundsätzlich nur für Volljährige möglich. Nach § 1896 BGB kann das Vormundschaftsgericht einen Betreuer bestellen, wenn folgende Voraussetzungen gegeben sind:

- Volljährigkeit,
- Betreuungsbedürftigkeit,
- Erforderlichkeit.

Die Betreuungsbedürftigkeit eines Volljährigen setzt (nach § 1896 BGB) eine psychische Krankheit, eine körperliche, geistige oder seelische Behinderung und Unfähigkeit zur ausreichenden Besorgung der eigenen Angelegenheiten voraus. Trotz Bedürftigkeit gilt die Voraussetzung der Erforderlichkeit einer Betreuerbestellung als nicht erfüllt, wenn ein Bevollmächtigter oder Familienangehörige, Freunde, Nachbarn oder soziale Dienste die Angelegenheiten des Volljährigen besorgen können.

Einen Antrag auf Betreuerbestellung können nur Behörden (im Rahmen von Disziplinarverfahren, Verwaltungsverfahren, Abgabenordnungen) und der Betroffene selbst stellen (auch wenn er geschäftsunfähig ist). Verwandte, Freunde, Sozialamt und Betreuungsbehörde haben kein eigenes Antragsrecht. Sie können sich aber mit einer Anregung an das Vormundschaftsgericht wenden. Nach § 12 des Gesetzes über die Angelegenheiten der Freiwilligen Gerichtsbarkeit (FGG) ist das Gericht dann zu einer Ermittlung verpflichtet und leitet gegebenenfalls ein Verfahren auf Betreuerbestellung ein.

Wenn ein Betroffener eine (selbst eingeleitete) Betreuung aufheben möchte, genügt kein Aufhebungsantrag. Auf der Grundlage eines Sachverständigengutachtens wird vom Gericht geprüft, ob eine Betreuung weiter erforderlich ist.

Nach dem bis zum 31.12.1991 geltenden Entmündigungs-, Vormundschafts- und Pflegschaftsrecht hatten Wünsche von Erwachsenen, die unter Vormundschaft und Pflegschaft standen, gegenüber den Absichten eines Vor-

Betreuungsgesetz (BtG)

Das Betreuungsgesetz (BtG), das am 1.1.1992 in Kraft trat, hat das seit dem 1.1.1900 geltende Entmündigungs-, Vormundschafts- und Pflegschaftsrecht abgelöst. Neben einer allgemeinen Verbesserung der Individualrechte des Betreuten wurde darin insbesondere die Entmündigung (die Geschäftsunfähigkeit oder Einschränkung der Geschäftsfähigkeit zur Folge hatte) abgeschafft. Das Betreuungsgesetz verbietet außerdem mit § 1631c BGB grundsätzlich die Sterilisation Minderjähriger und macht die Sterilisation Volljähriger neben individuellen Voraussetzungen von der Einwilligung eines zweiten Betreuers (§ 1899 BGB), von mindestens zwei Sachverständigengutachten und einer vormundschaftsgerichtlichen Genehmigung (§ 1905 BGB) abhängig. Im Bürgerlichen Gesetzbuch (BGB) befindet sich das BtG als Teil des Familienrechts im Grenzbereich zwischen Privatrecht und öffentlichem Recht.

Eingliederungshilfe nach BSHG

Kinder, Jugendliche und Erwachsene mit tiefgreifenden autistischen Störungen gehören zu dem Personenkreis, für den Eingliederungshilfe nach §§ 39–47 des 1962 in Kraft getretenen Bundessozialhilfegesetzes (BSHG) vorgesehen ist. Maßnahmen der Eingliederungshilfe für autistische Personen sind vor allem:

- ambulante oder stationäre Behandlung,
- heilpädagogische Maßnahmen,
- Hilfe zu einer angemessenen Schulbildung,
- Hilfe zur Ausbildung für einen angemessenen Beruf oder für eine sonstige angemessene Tätigkeit,
- Hilfe zur Fortbildung oder zur Umschulung,
- Hilfe zur Erlangung eines geeigneten Platzes im Arbeitsleben,
- Hilfe bei der Beschaffung und Erhaltung einer problemgerechten Wohnung,
- Hilfe zur Teilnahme am Leben in der Gemeinschaft,
- Gewährung der (erweiterten) Hilfe in einer stationären Einrichtung oder in einer Tageseinrichtung.

mundes oder Pflegers wenig Gewicht. Der Vermögensverwaltung wurde weit mehr Aufmerksamkeit gewidmet als dem Wohl der bevormundeten Person. Im neuen Betreuungsgesetz (BtG) wird besonderer Wert darauf gelegt, daß der Betreute die Auswahl des Betreuers und die Gestaltung der Betreuung so weit wie möglich selbst bestimmt.

Der Betreuer hat den Wünschen des Betreuten weitestgehend zu entsprechen, und auch das Vormundschaftsgericht muß dem Willen des Betreuten grundsätzlich Vorrang einräumen.

Die Geschäftsfähigkeit

Im Bürgerlichen Gesetzbuch (BGB) wird zwischen Rechts- und Geschäftsfähigkeit unterschieden. Nach § 1 BGB sind alle Menschen von Geburt an rechtsfähig, was beispielsweise das Recht auf einen Namen (§ 12 BGB) und das Wohnrecht (§ 7 BGB) einschließt. Geschäftsfähigkeit (§ 104 ff. BGB) ist die Fähigkeit, Rechtsgeschäfte selbständig (rechtswirksam) durchzuführen. Beschränkt geschäftsfähig sind Minderjährige ab Vollendung des siebten Lebensjahres bis zur Volljährigkeit. Das bedeutet, ohne Zustimmung eines gesetzlichen Vertreters sind die von Minderjährigen geschlossenen Verträge nicht rechtswirksam. Geschäftsunfähig ist (nach § 104 Nr. 2 BGB), wer sich in einem nichtvorübergehenden Zustand krankhafter Störung der Geistestätigkeit befindet, der eine freie Willensentscheidung ausschließt.

Aus den unterschiedlichsten Ausprägungen autistischer Störungen, gerade im Erwachsenenalter, ergibt sich, daß autistischen Volljährigen grundsätzlich volle Geschäftsfähigkeit zuerkannt wird.

Die Glaubwürdigkeit von Zeugenaussagen

Autistische Persönlichkeitsanteile stellen die Glaubwürdigkeit eines Zeugen oder einer Zeugin nicht grundsätzlich in Frage. Autistische Ordnungsliebe und fehlende Raffinesse lassen bewußte Falschaussagen sogar eher unwahrscheinlich erscheinen. Aber wie allgemein üblich, ist natürlich die Glaubwürdigkeit im Einzelfall zu klären.

Eine Aussageverpflichtung in Hauptverhandlungen kann einen durch die Tat geschädigten autistischen Zeugen mehr schädigen als die Tat selbst.

Deshalb ist sehr kritisch zu überprüfen, ob ein erhoffter Aussagenutzen den mit ziemlicher Sicherheit zu erwartenden psychischen Schaden rechtfertigt.

Die Schuldfähigkeit

Laut § 20 des Strafgesetzbuches (StGB) handelt »ohne Schuld«, wer infolge einer »krankhaften seelischen Störung« oder einer »tiefgreifenden Bewußtseinsstörung« nicht dazu fähig ist, »das Unrecht der Tat einzusehen oder nach dieser Einsicht zu handeln«. Verminderte Einsichtsfähigkeit kann nach § 21 StGB eine Strafe mildern.

Nach rechtlicher Maßgabe erscheint der von autistischen Störungen betroffene Personenkreis in der Mehrzahl als nicht schuldfähig oder als eingeschränkt schuldfähig. Die Frage der Schuldfähigkeit spielt aber für autistisch gestörte Menschen eine Nebenrolle, weil sie seltener als der Durchschnitt Gesetze übertreten.

Der Einwilligungsvorbehalt

Besteht eine erhebliche Gefahr für die Person oder das Vermögen eines grundsätzlich geschäftsfähigen autistischen Volljährigen, so kann das Vormundschaftsgericht einen »Einwilligungsvorbehalt« anordnen, nach dem die Wirksamkeit der vom Betreuten geschlossenen Verträge von der nachträglichen Genehmigung eines Betreuers abhängt. Dessen Bestellung erfolgt durch das Gericht.

Ein Einwilligungsvorbehalt wird nur dann angeordnet, wenn außer der erheblichen Gefahr für den Betreuten auch eine Erforderlichkeit erkennbar ist. Diese erscheint nur gegeben, wenn zu erwarten ist, daß der Betreute rechtlich bedeutsame Willenserklärungen abgibt oder Entscheidungen seines Betreuers widerruft. Die Bestellung eines Betreuers hat (im Gegensatz zu der abgeschafften Entmündigung) keinen Einfluß auf die rechtliche Handlungsfähigkeit des Betreuten. Ein geschäftsfähiger Betreuter kann selbständig handeln und ohne Absprache mit seinem Betreuer Vollmachten erteilen. Er kann zum Beispiel (nach § 1903 BGB) trotz Einwilligungsvorbehalts heiraten, ohne seinen Betreuer fragen zu müssen.

IX. Anhang

Therapeutische Einrichtungen in Deutschland

BADEN-WÜRTTEMBERG
Therapiezentrum für autistische Kinder, Jugendliche und Erwachsene
In der Passage S6, 18
68161 Mannheim
Tel.: 0621-1565718

Therapie und Beratung für autistische Menschen
Haußmannstr. 4–6
70188 Stuttgart
Tel.: 07 11-26 37-0

Beratungs- und Therapiestelle des RV Hilfe für das autistische Kind
Nordbaden-Pfalz e.V.
Handschuhsheimer Landstr. 90
69121 Heidelberg
Tel.: 0 62 21-48 05 55

Verein für psychoanalytische Sozialarbeit e.V.
Neckargasse 9
72070 Tübingen
Tel.: 0 70 71-2 44 37

BAYERN
Familienambulanz der Nürnberger Stadtmission e.V.
Rothenburger Str. 33b
90443 Nürnberg
Tel.: 09 11-99 26 60 31

BERLIN
Hilfe für das autistische Kind
RV Berlin e.V.
Sponholzstr. 26
12159 Berlin
Tel.: 0 30-8 52 90 46

BREMEN
Ambulanz des Bremer Projekts
Clamersdorfer Str. 47
28757 Bremen
Tel.: 04 21-62 56 06

HAMBURG
Hamburger Autismus Institut
Bebelallee 141
22297 Hamburg
Tel.: 0 40-5 11 68 25

HESSEN
Autismus-Therapie-Institut
Westendstraße 2b
60325 Langen
Tel.: 0 61 03-2 44 66

Therapie-Institut für autistische Kinder
Herkulesstr. 111
34119 Kassel-Wilh.
Tel.: 05 61-3 34 30

NIEDERSACHSEN
Therapiezentrum für autistische Kinder (Tagesstätte, 5-Tage-Internat und Ambulanz)
Bemeroder Str. 8
30559 Hannover
Tel.: 05 11-52 07 01

Therapiezentrum für autistische Kinder und Jugendliche
Hüttenstr. 4a
49716 Meppen
Tel.: 0 59 31-24 22

Therapiezentrum für autistische Kinder und Jugendliche
Goethering 15
49074 Osnabrück
Tel.: 05 41-2 98 89

NORDRHEIN-WESTFALEN
Therapieambulanz zur Betreuung autistischer Menschen
Bleichstr. 185
33607 Bielefeld
Tel.: 05 21-32 20 11

Ambulanz für autistische Kinder
Stockumer Str. 222
44225 Dortmund-Barop
Tel.: 02 31-71 54 24

Therapiezentrum »Hilfe für das autistische Kind e.V.«
Am Rathaus 21
40721 Hilden
Tel.: 0 21 03-5 28 78

Therapeutische Ambulanz
Mellinghofer Str. 328
45475 Mühlheim a. d. Ruhr
Tel.: 02 08-75 55 33

Ambulanz und Beratungsstelle f. autistische Kinder, Jugendliche und deren Eltern
Förenkamp 27
46238 Bottrop
Tel.: 0 20 41-3 23 53

Ambulanz für autistische Kinder
Burgring 57
47906 Kempen
Tel.: 0 21 52-26 40

Therapeutische Ambulanz
Hilfe für das autistische Kind
Boltenstern Str. 16
50735 Köln
Tel.: 02 21-76 70 72

Rheinische Landesklinik
Kinder und Jugendpsychiatrie
(Mutter-Kind-Therapie-Station)
Horionstr. 14
41749 Viersen
Tel.: 0 21 62-67 14 06

RHEINLAND-PFALZ
Beratungs- und Therapiestelle des RV Hilfe f. d. autistische Kind Nordbaden-Pfalz e.V.
Fasanenstr. 19
67065 Ludwigshafen-Mundenheim
Tel.: 06 21-5 29 78 14

SAARLAND
Therapieambulanz »Hilfe für das autistische Kind«
Hauptstr. 113
66740 Saarlouis-Beaumarais
Tel.: 0 68 31-6 82 25

SACHSEN
Therapieambulanz am Sozialpädiatrischen Zentrum
Westendstraße 8
9112 Chemnitz
Tel.: 03 71-90 48 69

Ambulanz und Beratungsstelle am St. Marienkrankenhaus
Tolkewitzer Str. 57
01277 Dresden
Tel.: 03 51-3 05 65

SCHLESWIG-HOLSTEIN
Ambulanz und Beratungsstelle
Feldstr. 92
24105 Kiel
Tel.: 04 31-80 48 93

Ein Verzeichnis der Autismusverbände in Europa ist aus drucktechnischen Gründen kostenfrei erhältlich bei:
Hamburger Autismus Institut und Bundesverband »Hilfe für das autistische Kind« e.V., Bebelallee 141, 22297 Hamburg.

Weiterführende Literatur

Affolter, Félicie: Wahrnehmung, Wirklichkeit und Sprache. Villingen-Schwenningen a. Neckar 1987.

American Psychiatric Association; Wittchen, H.-U. (Bearb.): Diagnostisches und Statistisches Manual Psychischer Störungen. DSM-III-R. Revision. Weinheim, Basel 1991.

Andreas, Reinhard: Subjektive Handlungstheorien bei Kindern. Weinheim, Basel 1982.

Arens, Christiane/Dzikowski, Stefan (Hrsg.): Autismus heute. Aktuelle Entwicklungen in der Therapie autistischer Kinder. Band 1 u. 2. Dortmund 1988, 1990.

Ayres, A. Jean: Bausteine der kindlichen Entwicklung. Berlin, Heidelberg 1984.

Benenzon, Rolando O.: Einführung in die Musiktherapie. München 1983.

Bernhard-Opitz, Vera/Blesch, Günter/Holz, Karin: Sprachlos muß keiner bleiben. Freiburg 1988.

Bettelheim, Bruno/Karlin, Daniel: Liebe als Therapie. München [5]1989.

Betz, Dieter: Psychophysiologie der kognitiven Prozesse. München 1974.

Blohm, Helen/Pohl, Elke (Hrsg.): autismus. Zeitschrift des Bundesverbandes Hilfe für das autistische Kind. Hamburg: erscheint halbjährlich.

Delacato, Carl H.: Der unheimliche Fremdling. Freiburg [3]1985.

De Myer, Marian K.: Familien mit autistischen Kindern. Stuttgart 1986.

Feuser, Georg: Grundlagen zur Pädagogik autistischer Kinder. Gesellschaftswissenschaftlich-erziehungswissenschaftliches Verständnis des frühkindlichen Autismus. Weinheim, Basel 1979.

Fleischer, Leonore: Rain Man. Ein Roman nach dem Drehbuch von Ronald Bass u. Barry Morrow. München [16]1991.

Gagelmann, Hartmut: Kai lacht wieder. Olten 1983.

Holtzapfel, W./Müller-Wiedemann, H. (Mitverf.): Der frühkindliche Autismus als Entwicklungsstörung. Heilpädagogik aus anthroposophischer Menschenkunde. Stuttgart 1981.

Janetzke, Hartmut R. P.: Leitlinien therapeutischer Arbeit. In: Soziale Rehabilitation autistischer Menschen. Tagungsbericht. Hamburg: Bundesverband Hilfe für das autistische Kind 1991.

Jürgens, Andreas/Kröger, Detlef (Mitverf.): Das neue Betreuungsrecht. München ²1992.

Kehrer, Hans E./Classen, Barbara/Peter, Hans-Joachim: Internationale Autismus-Bibliographie. Weinheim 1991.

Kusch, Michael/Petermann, Franz: Entwicklung autistischer Störungen. Bern, Stuttgart 1990.

Leontjew, A.N.: Tätigkeit, Bewußtsein, Persönlichkeit. Stuttgart 1977.

Lurija, A. R./Judowitsch, F. Ja.: Die Funktion der Sprache in der geistigen Entwicklung des Kindes. Frankfurt, Berlin 1982.

Piaget, Jean: Das Erwachen der Intelligenz beim Kinde. Stuttgart 1989.

Piaget, Jean/Inhelder, Bärbel: Die Psychologie des Kindes. München ⁴1991.

Piaget, Jean: Meine Theorie der geistigen Entwicklung. Frankfurt ²1991.

Schopler, Eric/Reichler, Robert J./Lansing, Margaret: Strategien der (verhaltenstherapeutischen) Entwicklungsförderung. Dortmund 1983.

Siegel, Elaine V.: Tanztherapie. Stuttgart ²1988.

Spitz, René A.: Vom Säugling zum Kleinkind. Naturgeschichte der Mutter-Kind-Beziehungen im ersten Lebensjahr. Stuttgart 1989.

Springer, Sally P./Deutsch, Georg: Linkes – Rechtes Gehirn: funktionelle Asymmetrien. Heidelberg 1987.

Stehli, Annabel: Dancing in the Rain. Ein autistisches Kind besiegt seine geheimnisvolle Krankheit. München ³1991.

Tinbergen, Niko/Tinbergen, Elisabeth A.: Autismus bei Kindern. Berlin, Hamburg 1984.

Tomatis Alfred A.: Der Klang des Lebens. Reinbek 1987.

Tustin, Frances: Autistische Barrieren bei Neurotikern. Frankfurt 1988.

Tustin, Frances: Autistische Zustände bei Kindern. Stuttgart 1989.

Wendeler, Jürgen: Autistische Jugendliche und Erwachsene. Gespräche mit Eltern. Weinheim, Basel 1984.

Wing, J. K. (Hrsg.): Frühkindlicher Autismus. Klinische, pädagogische und soziale Aspekte. Weinheim, Basel 1988.

Winnicott, D. W.: Familie und individuelle Entwicklung. Frankfurt 1984.

Zöller, Dietmar: Wenn ich mit euch reden könnte… Ein autistischer Junge beschreibt sein Leben. Bern, München 1989.

Stichwortregister

Verzeichnis der Grafiken und Tabellen